第一個律師出身的司法院長——

賴浩敏

周禮群等——撰文

推薦序

平實不平凡

馬英九（中華民國第十二、十三任總統）

賴浩敏兄是我台大法律系的大學長，比我高十一屆。早年我們有時會在法學會相關活動上碰面，雖無深交，但久聞他在律師界剛正不阿的風評。民國八十二年我出任法務部長時依法兼任中央選舉委員會委員、八十五年擔任政務委員時兼任中央廉政會報召集人，浩敏兄都以知名律師的身分別擔任這兩個組織的委員，有三、四年共事的機會，我對他公正的處事態度與細膩的分析能力，留下深刻印象。

我就任總統前，選務機關受政治力不當干預的現象偶有所聞，為人詬病。我上任後，九十八年五月，立法院制定《中央選舉委員會組織法》，經多次力邀，浩敏兄首肯出任中選會主任委員一職。他超越黨派、秉公行事的作風，不僅把各項選務辦得圓滿，讓在野黨無可挑剔，更成功贏回了民眾對選務機關的信任。不過，很可惜的是，一〇五年政黨再次輪替後，中選會又逐漸失去恪守中立的立場，在一〇八年地方選舉中顯現無遺，主委還在外界強烈批評下辭職。

九十九年年七月，多名高等法院法官傳出重大風紀事件，加上長期以來，人民對司法普遍存有不信任與不放心的心理因素，社會對改善司法風氣與提升審判品的期待深切。浩敏兄從事律師工作數十年，嫻熟法律與訴訟實務，不但具高度專業，並長期關注且熱切推動司法改革工作，他成為我提名新任司法院長的不二人選；還有一點很重要，他每日晨泳健身，體格強壯，足堪重任。

事實證明，浩敏兄在接下擔子後表現不凡。他在司法院長任內以「親民」為思考出發點，積極推動司法改革，並成立「全民司改策進會」作為司法改革決策的諮詢平台，以「清明的法官、親民的司法」為目標，從法官風紀、裁判品質、問案態度、辦案效率、人民信任等外界最為關心的議題著手，改革卓然有成。

我擔任過法務部長，一向支持司法改革，但也一向尊重司法院身為獨立機關的地位，不會越位親自去領導司法改革，因為司法院並不是我的司法內閣，這個態度在我八年任期內一直堅持，從未改變。

在浩敏兄的帶領下，司法院推動「人民觀審制」、廢除最高法院保密分案等各項司法改革，同時設置廉政會報、檢舉專線及落實請託關說登錄，有效改善司法風紀。另外，還完成《法官法》、《提審法》、《大法官審理案件法》、《行政訴訟法》、《法律扶助法》、《司法院組織法》、《公務員懲戒法》等重大司法改革法案。以《法官法》為例，這項法案歷經二十三年終於得以通過，除能維護審判獨立及職務保障，讓法官無後顧之憂，也建立起不適任司法官的退場機制，是我國司法改革史上重要的里程碑。

浩敏兄幼年家境清苦，但他勤奮向學，屢屢克服困境。無論當律師、辦選務、掌司院，在每個位子上都能做到他常說的「做什麼、像什麼」，並且有傲人的成績。這本傳記中我們可以看到他奮鬥的歷程，以及在法律這條路上不斷實現公平正義的努力，他的人生平實卻不平凡！我常說，「善良、正直、勤奮、誠信、包容、進取」是台灣人民最可貴的核心價值，這也正是浩敏兄的寫照。

這是一本親切可讀又勵志的書，特別向大家推薦！

熱心奉獻的智者

五神 真（東京大學總長）

賴浩敏先生畢業於國立台灣大學法學部，以日本政府獎學金留學生身份來日，於一九六九年完成東京大學大學院法學政治學研究科的修業，回到台灣之後，持續獻身法曹，成為台灣司法史上第一位律師出身的大法官　司法院院長，對台灣的法律制度面作出貢獻。

賴先生在本校法學政治學研究科留學時師事於平野龍一教授（第二十二任東京大學總長），專攻刑事法。他在書中多次提到「在日本求學期間真正學到的是『思維的方法』，在東京大學研究時所體悟到的思維方法以及處世態度對他人生帶來重大的影響」。本人在二〇一五年九月就任總長後不久，曾和西川洋一法學政治學研究科長（系主任）一起在本鄉校區歡迎時任司法院院長的賴先生、夫人賴古登美女士與司法院隨行人員一行，大家相談甚歡，賴先生淵博的學識與率真的風範令人印象深刻。

賴先生在一九八八年結合以日本獎學金留日之台灣留學生之力，設立「日本獎學金留學生聯誼會」，促進日本與台灣留學生間的交流。同時他在繁忙的公務之餘，從二〇一三年至二〇一七年擔任兩屆「東京大學台灣校友會」這個能讓東大畢業生在台灣歡聚的園地的會長，不但數度為訪台洽公的東大重要幹部、教職員舉辦懇談會，二〇一四年安田講堂整修時，還號召諸多台灣校友做出極大的貢獻。此外，賴先生對於東日本大震災的追悼及對受災地區的諸多關懷，也讓日本的我們感念。二〇一七年秋天，賴先生獲得日本政府授予旭日大綬章，他在留學生交流及日台法曹界交流上的功績受到肯定，進而榮獲敘勳殊榮，讓東京大學的我們同感欣喜，引以為傲。

誠如本校憲章前文中所說：東京大學是一所「致力奉獻世界公義的大學」！希望更多台灣青年能夠閱讀這本傳記，一起追隨在國際舞台上發光發熱並且超越國境地為人類社會盡心盡力的「智者」賴先生。

二〇一八年十一月三十日

『頼浩敏先生伝』に寄せて

東京大学総長　五神　真

頼浩敏先生は国立台湾大学法学部で学ばれ、その後、日本政府奨学生として来日、東京大学大学院法学政治学研究科を一九六九年に修了されました。台湾帰国後は、一貫して法曹人としての道を歩まれ、台湾司法史上初めて弁護士から大法官・司法院院長に就任され、台湾における法制度の発展にご貢献されました。

法学政治学研究科では平野龍一教授（第二十二代東京大学総長）を指導教授として、刑事法を専門に研究されました。頼先生は「日本留学期間中に本当に学んだのは思考方法である」と言われ、東京大学での法学研究を通して身に付けられた思考方法と人生に処する態度の大切さについて繰り返し語っておられます。私は二〇一五年九月、総長就任まもなく、司法院院長をされていた頼先生と奥様の頼古登美先生、司法院の皆様を本郷キャンパスにお迎えし、西川洋一法学政治学研究科長とともに懇談させていただきました。頼先生の深い学識と誠実なお人柄が強く印象に残っております。

一九八八年に日本奨学金による台湾留学生と力を合わせて、「日本奨学金留学生聯誼会」を設立し、日本と台湾の留学生交流を推進されました。またご多忙な公務の中、台湾における東京大学卒業生を集まりである「東京大学台湾校友会」の会長を二〇一三年から二〇一七年まで務められました。この間訪台した東京大学役員・教職員との懇談会を度々開催していただくとともに、二〇一四年の安田講堂改修に際しては、多くの台湾校友とともに多大なご貢献をいただきました。また東日本大震災を追悼し、被災地への励ましと連帯を語られました。頼先生は、二〇一七年秋、日本政府より旭日大綬章を授けられました。留学生交流や法曹面での日台交流にご尽力されたご功績が叙勲の栄誉として認められましたことは、東京大学としても大きな喜びであり誇りとするものです。

「世界の公共性に奉仕する大学」、東京大学憲章の前文に書かれている言葉です。多くの台湾の若い方々がこの伝記を手に取り、「知のプロフェッショナル」として国境を跨いで活躍され公共に奉仕される頼先生の後に続かれることを願っております。

（二〇一八年十一月三十日）

二十世紀法律人的奮鬥歷程

姚嘉文（總統府資政、律師）

我在輔仁大學法律研究所講授「法治運作的實務研究」課程的時候，每年學期中都會帶同研究生參訪司法院，再與院長．拍拍照，講講話。研究生很喜歡這個行程，很少在這個參訪行程缺課，有時還會帶自己的朋友或沒選課的同學參加。

賴浩敏擔任司法院長後，我仍要照常帶學生參訪司法院，有學生好奇的問：「可是新院長不是您們民進黨的，我們還是要去參訪嗎？賴浩敏跟姚老師不同黨啊！」

我向學生說明，司法院長從來沒有一個是民進黨的。民進黨主張司法院要絕對行政中立，就是民進黨人去當司法院長，也要停止黨權，等卸任再回復黨權。

我又說：「賴院長是不是國民黨籍，我不清楚，我們只是支持的總統候選人不同，沒什麼同不同黨的問題。何況我們去參訪司法院，是要讓學生更了解司法院的運作，不是去談政黨談政治。」

我帶了學生參訪司法院，院方派職員解說，學生大部分對大法官會議室及憲法法庭較有興趣，最後賴院長接見學生談話和照相。

我向學生說明當年賴院長和我們一起推動司法改革的往事。

賴院長從日本留學回來，他的碩士論文是討論被告在偵查期間有與辯護律師接見討論、被告在受偵查詢問時有要求讓辯護律師在場的權利。

當時地方法院、高等法院仍隸屬於行政院司法行政部，檢察官的地位等同法官，律師地位低落，在法庭常被法官輕視甚至羞辱。年輕律師們在推動審檢分立、以及辯護律師的直接詰問權（cross examination）、法庭的佈置、法官檢察官開庭問案的態度的各種改革。不久，發生一件賴浩敏律師在法庭被法官羞辱的事。賴律師報告律師公會。通常情形，律師被辱多息事寧人，不願得罪法官，但賴律師堅持出面檢舉抗議，我們在律師公會極力支持。那位法官雖未受懲誡，但被調離台北，到他地法院。法官以後開庭對辯護律師客氣多了。

我們都在中國文化大學勞資關係系兼課，我從美國研習貧民法律扶助（Legal Aid）回來，在「中國比較法學會」（今「台灣法學會」）辦理貧（平）民免費服務時，賴律師也熱心參加。

以後我們在律師公會及「中國比較法學會」都參與各種司法改革的活動。

我這樣向學生介紹賴院長，並期待他擔任司法院長，用他的身份地位繼續推動當年我們改革未成的許多司法問題。

賴浩敏擔任司法院長做得很辛苦，有一次，中國文化大學勞資關係系辦理系慶，我們都被邀參加，他竟然病倒不能與會。如今這本介紹他的書出版，讀者應該可以了解生在二十世紀中葉的我們，這群新時代、新觀念的法律人奮鬥的心歷路程。

充滿能量的生命之火

范光群（國立臺北大學法律學院名譽教授、萬國法律事務所創所律師）

本書的主人翁——司法院前院長浩敏兄和我是台大法律系同學，後又與黃柏夫、陳傳岳兄共創萬國法律事務所，共同為創業並善盡社會責任而奮鬥，加上「連襟」的關係，可以說二人相知相惜，情同手足，亦友亦師。今浩敏兄八十壽慶，囑為本書寫序，個人至感榮幸，欣喜從命。

浩敏兄兒少時期，因父早逝，家境不佳，但他天資聰穎，才智過人，奮力向上。加上他為人率直而富正義感，機智善辯，堅持理念而關懷社會，倍受肯定，終能在人生旅途上發揮長才，以名律師之姿，既創「萬國」又登大法官及司法院院長殿堂，誠屬難能可貴，成就堪為社會典範。

本書對於浩敏兄一生的奮鬥歷程，尤其他為人處世所堅持的理念及原則，有相當深入的記述，生動地刻畫出他的人格特質，同時也讓世人了解到他對社會國家所做出的貢獻，值得大家品味。例如：「將審判長一狀告進律師公會」（一一七頁）；

「為當事人的權益據理力爭，不怕法官後台硬」（一二一頁）；「守住客戶的權益和自己的品德」（一五八頁）；「只有黑與白，沒有紅綠藍」（二〇七頁）；「審判獨立的絕對堅持」（二四二頁）；「廢除最高法院保密分案」（二四四頁）；「正義的最後一道防線：三百萬塊磚頭」（二五二頁）等，都是適切的例子。

共創「萬國法律事務所」是我們四位創所律師人生上最重要且意義最重大的成就，因為經過數十年辛勤努力的經營，「萬國」如我們的「初願」，已是超越四位創所律師個人的生命，屹立本土，永續發展，著有正聲，受到社會肯定。「萬國」的存在及繼續發展，除了是私有企業之外，同時也自許為社會的公共資財，聚集法界精英，關心社會正義、人權保障及民主法治的促進，對社會發揮積極正面的助益力量。能有今日的萬國，「賴浩敏」是不可或缺的重要因素，功不可沒。

已屆八十歲，浩敏兄在本書總結時說道：「熱情對待人生，發光發熱，才不愧此生。」的確，上天既然造就生命，賦予這個生命相當能量，如做到天賦自己的光和熱，也就是生命之火，能夠充分燃燒，而在燃燒生命之火的過程，對社會對人群做出貢獻，且對受到光和熱波及的個人，有正面的助益，那生命是充滿了積極意義，人生是美滿幸福的。就此，我要向浩敏兄道賀！

范光群　謹誌

二〇一九年正月

永遠的老師和摯友

杉本 秀夫（日本名律師）

初次見到賴浩敏大律師，是我永遠不會忘記的一九六六年秋天，那時我剛通過司法考試。

當時賴律師是位年輕的東大法學部留學生。而那天位於駒場東大前站前面的留學生會館正在舉辦文化祭，賴律師站在台灣的攤位前，熱心的講解台灣文化。

輪到我的時候，賴先生跟我聊起他專攻的刑事訴訟法。我很驚訝他連日本刑訴法中最難的「檢察官訊問筆錄之證據能力」都能用流暢的日語說明。雖然是外國（日本）法律、外國語（日語），卻能掌握問題點，並且條理分明、言之有物，表達能力非常有說服力。炯炯有神的雙眼、如滔滔江水般的傳聞證據論，真是引人入勝。

一九六七年正月，我邀請他和另一位台灣留學生來家裡過新年。內人準備了北陸鄉村祝賀新年的料理來接待我們首次接待的外國賓客。

席上賴律師說：「我以後回國，你們一定要來台灣找我。」熱情的邀我們。但當時「台灣」對於司法研修生的我來說是一個太遙遠的國家，而且我從來沒有出國旅行的經驗，對出國這檔事有著相當的不安。當賴先生對內人說「夫人，我可以帶你們到處走走喔。」一時，我們只把它當作閒聊，沒有認真的當一回事。

之後五十多年來，我們夫妻應賴律師之邀，訪台無數次。我事務所的成員、朋友等也曾一起去台灣，在法院旁聽審判。賴律師還把很多案子介紹給我，真是非常感謝。

之後賴先生榮登台灣最高司法首長之位，證實我有識人之明，我一直確信此人必有偉大成就。

第一次見到賴夫人古登美女士是在駒場東大前站的小收票口。記得古登美教授當時是在東大研究行政法。我也曾就行政法上的論點請教過古教授好幾次，讓我十多年來能夠負責行政事件。行政事件是非常困難的，每次因為難解的問題而煩惱時，我總是很懊悔當時沒有多請教古教授一點。

賴律師和古教授是我永遠的老師，衷心祈願他們珍重寶體，繼續活躍於台灣法曹界。

啊，我最喜歡的台灣，我們夫妻好想再去一次，把上面這些心裡話直接說給賴律師賢伉儷聽。

欣聞我尊敬的不得了的賴律師的傳記將要出版，並獲得撰文推薦的機會，實在銘感五內。這讓隸屬東京第一律師公會的我至感榮幸。

頼先生ご夫妻へ

弁護士　杉本　秀夫

頼浩敏先生と初めてお会いしたのは、忘れもしない一九六六年秋、私が司法試験に合格したばかりのときでした。

その頃頼先生は、若い東大法学部の留学生でした。その日はたまたま駒場東大前駅前にある留学生会館の文化祭でした。頼先生は台湾のブースで台湾文化について熱心に説明されていました。

私に対しては、頼先生が学ばれていた刑事訴訟法の話もされました。日本の刑訴法でいちばん難しい「検察官面前調書の証拠能力」についても流暢な日本語で説明されたのには、ほんとうに驚きました。外国（日本）で、その国の言葉（日本語）で、その問題点を完全に把握された上でのお話には強い説得力がありました。澄んだ眼で、滔々と説かれる伝聞証拠論は、まさに出色でした。

明けて一九六七年正月には、私の自宅へも来ていただきました。家内は、初めてお迎えする外国の賓客に対し、北陸の田舎で祝う正月料理を作ってお迎えしました。もう一人、台湾留学生の方にも来ていただきました。

席上賴先生は、「私はいずれ帰国します。必ず台湾へ来て下さい」と熱心に勧めて下さいました。しかし、その頃の台湾は一司法修習生の私にはあまりに遠い国でした。それが私にとって初めての外国旅行であることにも大きな不安がありました。賴先生には「奥さん、私がご案内しますよ」と言っていただきましたが、私達はそれをなにか他人ごとのようにお聞きしていたものでした。

あれから五十年余、私達夫婦は賴先生のお話を頼りに、数えられないぐらい訪台させていただくことになりました。私の事務所所員、友人等も一緒に台湾の裁判傍聴もさせていただきました。その上私はたくさんの仕事もさせていただきました。賴先生本当に有難うございました。

以後賴先生は台湾最高裁判所長官にまで登りつめられました。「位人臣を極める」とはこのことです。この人は偉くなると確信した私の眼は的を射ていました。

御奥様古登美先生に初めてお会いしたのも、駒場東大前の小さな改札口あたりでした。確かその頃古登美先生は東大で、行政法の研究をされていました。その後は古登美先生からもいろいろ行政法上の論点についてご教示いただきました。たまたま私は今年までの約十年間、行政事件を担当しています。行政事件はたいへん難しいです。さまざまな難問に悩まされるとき、あの時もう少し古登美先生に教わっていれば良かったなどと後悔することしきりです。

賴先生も古登美先生もまだまだこれからの先生です。この後も十分にご健康に留意され、台湾の法曹界で更にご活躍あらんことを心からお祈りいたします。

ああ、私の大好きな台湾。私達夫婦はもう一度台湾へ行きたい。そして、賴先生御夫妻と、今までと同じお話をしたいと切に願っています。

私が尊敬してやまない賴浩敏先生伝ご出版に際し、推薦文執筆の機会をいただき、誠に有難うございました。第一東京弁護士会所属の現役弁護士として、光栄の極みでございます。

法律正義的實踐者

楊鼎章（最高法院前院長）

人生一路走來，因緣際會，劇本要如何寫，無從預料。我與賴大院長（司法院內對司法院長的尊稱）夙無淵源，二〇一〇年七月台灣高等法院發生重大違紀事件，同年十月中旬，人在台南的我，突接甫獲立法院通過尚未就任的大院長的電話，希望我能來台北接台灣高等法院院長之職，有感於大院長電話中真誠坦率，我們相約榮辱與共，戮力以赴，重振司法風紀。從此開啟了我與大院長間長達五年的共事（二〇一五年十月我屆齡退休），也才能就近了解大院長幼年困厄的成長過程、就學經歷、事業轉折，終至登上司法實務界的頂峰，其中的點點滴滴，本書中有詳實的敘述，足可供人生勵志的最佳範本。

大院長執業律師多年，深刻體認到司法風紀、司法判決與社會期待的落差，急需解決。因此一上任即強調乾淨、透明、便民禮民及效能的司法。認為清廉是司法最基本的要求，不僅透過外部監督，更要透過明確的倫理規範強化同儕的自律；強化專業能力，保障審判獨立，落實司法為民，作為司法行政的核心，來贏回人民的信任。啟動全民司改列車，走遍全國法院，直接深入民間，傾聽人民及學者、專家、民間意見領袖的意見，彙整後以人民的角度看問題解決問題，身體力行。一年下來，我們事先防止了可能發生的違紀事件，也明確迅速的處理某些便宜行事或長期怠惰而影響當事人權益與司法信譽的情事，該處分的處分，該法辦的法辦，產生了立竿見影的效果，也正向的鼓舞努力的同仁，提升了曾跌落谷底的士氣。終大院長任內未發生司法風紀事件。

二〇一二年二月初，大院長約見我，說他審慎考慮的結果，已向總統推薦，希望我去接掌當時飽受事實審法官衝撞的最高法院。大院長展現了大度、大器，僅抓住原則，全然的信任，充分授權，讓我們得逐步地以緩和的改革作為，漸漸弭平了院內同仁與基層法官的疑慮，並回應社會殷切的期待。使最高法院從接任之初的驚濤駭浪，逐漸走上平穩的坦途。

誠如大院長在卸任演講所說的，「司法改革是永續的志業，沒有止境，是一脈相承的，是一步一腳印、一點一滴所累積出來的，沒有特效藥，沒有萬靈丹」。惟有不斷的努力維護司法風紀、堅持審判獨立、裁判與人民的公平正義理念相契合，才能贏得人民的信任。

大院長對審判獨立的堅持與維護，司法同仁感念在心。

一位瀟灑坦蕩的前輩

林子儀（前大法官、中央研究院法律學研究所前所長）

二〇一〇年八月下旬，當賴浩敏律師獲當時馬英九總統提名為司法院大法官兼司法院院長時，台灣法界普遍的反應與賴律師接獲馬總統要提名他時的反應一樣，驚訝詫異，怎麼可能？看完本書後，可以發現能成為我國史上第一位律師出身擔任司法院大法官兼司法院院長的人，除了機遇之外，本身也有一定的條件與特質。

賴浩敏院長在我印象中，一直是一位瀟灑直率，雍容大度的前輩。讀了本書後，又發現了許多以前所不知的事，讓我對他更加佩服。

他年幼失怙，雖有親戚援手，仍屬貧戶。但生於憂患，謹記母訓，賴院長養成了「不管遇到什麼困難都不要逃避，該怎麼做就怎麼做」，以及「做什麼就要像什麼」，「用平常心面對逆境，不憂不懼」的處世態度，與「處逆境而能淡定以對、坦然接受的能力」。從這本書中，可以看到賴院長的成就，與這樣的處世態度與能力密切有關。

例如因為賴院長認為「做什麼，就要像什麼」，所以凡事即要全力以赴，盡心盡力。讀書考試如此，「所有考試，每考必過」。作為一位執業律師也應該如此，「堅守職業道德」，「為當事人盡心盡力」，「把當事人的事情當成自己的事情，認真用心去處理」，所以成為一位人所稱頌的成功律師。

而因抱持遇困難不逃避，仍應為所當為的態度，所以賴院長明知吃力不討好，但仍同意擔任「日本亞洲婦女基金會」處理慰安婦賠償的交涉窗口。同時，因自幼養成處逆境淡定坦然接受，不患得患失的個性，所以賴院長處事從容，雍容大度；這是他擔任司法院院長時，我與他近身接觸觀察的親身經驗。

除了成長過程所培養的處世態度與能力外，賴院長也非常重視與要求個人的品德修養。例如他認為一位律師最重要的是應具備兩個資格：除了上述要「做什麼，像什麼」的態度外，另外就是要具備包括法學素養和個人品德的實力。他也認為「社會正義的保障，除了法官的良知之外，再無他物」。因此主張司法改革尤應從司法官的品德教育著手。

他認為品德修養的要求，不僅只是力求端正個人品格，不做違背良心的事；同時也要有社會責任，作一位對社會有貢獻的人。在這本書中，可以看到他身體力行，如何正派執行律師業務，並在行有餘力時，對社會公益事務的積極投入。這本書就記載了這麼一個故事。

大氣大器

黄虹霞（大法官）

《平實的法律人》（原書名），這怎適足作為賴浩敏大院長、大大律師的寫照啊！我心目中的大院長、大大律師（司法界有很多法院，所以有很多院長，而司法院位階最高，因此，司法界稱司法院院長為「大院長」。至於「大律師」是外界對律師的敬稱，剛出道的年輕律師也被叫做「大律師」，我的公公曾經戲說律師界沒有小律師，都是大律師，這是我為什麼以「大大律師」稱呼賴浩敏先生的原因）絕不只是平實而已，他是大器加大氣！天生將才、天生法律人，並如其在訪談中所說的「做什麼像什麼」，是腳踏實地、實實在在的法律人。俯仰無愧於其父母先人、家人、同事、同道。就司法為民而言，他也無疑是具體實踐者。這樣的人是典範，其作為足堪學習；他的故事得以付梓，不但對法律界有益，對弱勢向上提升具鼓勵作用，對父母、兄弟姐妹及夫妻等家人間關係合和更富啓發性。尤其他的擇偶觀頗值效法。

大院長跟我的關係非比尋常（真的嗎？看完這本書，您就會知道），他常說我像他的女兒，我則認為比較像兄妹，他對我而言，如兄如父，或許這正是他給我寫本書推薦序這個大大榮幸機會的原因，我想把握此一機會，除了表達我對他的感謝之外，更祝福他八十壽誕，松柏長青！

想寫的很多，限於篇幅，只另提兩點：

一、他是我國司法史上第一位專業律師出身的司法院長，可能也是第一位對提名他的總統「說不」的司法院長：

雖然在他和我參加律師考試的年代，律師的錄取率比司法官低，但是司法大鼎一直是傾斜的，鼎的三隻腳——審檢辯，不等高。律師的地位最低，而且明的暗的一竿子被貶為利益團體。這種不當，非律師很難體會，也只有律師會在意地去落實改革（律師接觸人民，對民瘼的了解也更直接，更深刻有感，所以投入司改），正因為如此，大院長任內，除藉由法官法之修正，繼續大力推動遴選優秀律師為法官之制度外，另經由司法院組織法之修正，扶正司法大鼎，增加明定資深優秀律師得任大法官之資格，如今已有兩位律師出任大法官。

又維護人權極重要的組織——法律扶助基金會，做的就是由政府出錢，請律師免費提供原本由律師收費提供的法律諮詢等服務。此一服務專業明顯在律師界，但直到大院長時代，法律扶助基金會之主持人棒子才交給律師界。

他的大器、決斷及執行力具體表現。

大院長對於他在司法院的左右手——林錦芳前祕書長因公忘私、積勞成疾之事，一直耿耿於懷。林前祕書長不久前難敵病魔而往生，更讓他萬分不捨。為了她的人事案，大院長曾當面拒絕提名他出任司法院長的總統「一起共同推薦另一位男士」的要求。他的耿介可見一斑。

二、他的內心柔軟大氣：

他的內心柔軟大氣，本書中處處可見，不必我贅述。我在這裡再爆個料，這是關於他對下屬的大氣寬容。我的妹妹虹善一輩子服務於萬國法律事務所，曾是他的祕書，期間適逢他兒子結婚，虹善協助處理禮金事宜，卻在著名大飯店內遭冒充該飯店人員者詐走禮金。虹善極其歉咎，但大院長體諒這個損失不是虹善所能承擔，並未如一般老闆般追究索償，他的大氣展現無餘。也藉此替妹妹再次感念大院長的大量寬容，她一輩子記得這份情。

目次

Contents

推薦序

Ch.1 名實相副的殊榮：旭日大綬章

Ch.2 典範的養成：走上學法與自主之路

Ch.3 理念的結合：萬國法律事務所三十五年

Ch.4 公共事務不缺席：從委員到院長

Chapter

1

名實相副的殊榮：旭日大綬章

大殿中的天皇，威儀莊重，讓人肅然起敬。

（ライ　コウ　ビン）

「賴浩敏！」

聽到自己的名字從式部官口中宣達，賴浩敏慎重地行完鞠躬禮，容光煥發地從日本天皇手中接過旭日大綬章，也接過了橫跨一甲子的肯定與榮譽。

這是一個典範的故事，這是賴浩敏的故事。

2017 年，賴浩敏獲頒日本天皇親授之「旭日大綬章」
（左為妻子古登美）。

目的地：皇居正殿

二〇一七年十一月七日上午，司法院前院長賴浩敏與妻子古登美，搭乘東京帝國大飯店的高級禮車，緩緩駛向日本皇居。

十一月的皇居外苑裡，楓葉染成不同層次的紅，配上松樹的翠綠，飽滿的色彩和生命力讓視覺和心靈都得到極大的滿足。

在幾十年前，賴浩敏留學日本的時候，也曾經和妻子一起參觀皇居。那時皇居新宮殿剛落成，現任的明仁天皇尚為皇太子，他和太子妃美智子一起站在宮殿的二樓陽台向參觀的遊客揮手賀年。

那次他們走的是一般的參觀行程，只是從宮殿外側的東庭經過。但這一天，他們不僅要正式進入宮殿，還會進入宮殿最重要的地方——正殿松之間。

就在一個小時後，松之間裡將要舉行「平成二十九年秋之敘勳——大綬章親授式」，而賴浩敏將獲頒旭日大綬章。大綬章在日本的勳章中是最高等級，由日本天皇親自授勳，當然是極為隆重。

大綬章除了頒給日本國民之外，凡是對日本有傑出貢獻的外國人士也有機會獲得。這一年獲頒旭日大綬章的國際人士有十三名，而賴浩敏正是其中之一。

賴浩敏望著皇居堅固穩重的城牆，想起兩個月前，他得知獲得授勳消息時的狀況。

那天，日本台灣交流協會台北事務所代表沼田幹夫親自來到賴浩敏在震旦集團的辦公室，通知他日本內閣已經將他列入敘勳名單，並且詢問他：「您有沒有意願接受？」

賴浩敏鄭重地回答：「誠惶誠恐，但樂意接受。」

旭日章的得獎資格是「對國家公共事務有功勞者，且有受人矚目的顯著功績」，而賴浩敏所獲得的是旭日章之中最高級的大綬章。大綬章的受勳條件非常嚴格，不但要考量受勳者的功績、人品，還要達到一定的年齡，確保受勳者確實是年高德劭，人品和功績無可非議。

雖然賴浩敏謙稱「惶恐」，但他對台、日交流的貢獻卻是有目共睹的。

到底賴浩敏跟日本之間有什麼關係？為什麼會受到此一殊榮呢？

不求回報的長年付出

賴浩敏曾留學日本，且幾十年擔任律師時也累積了許多日本企業客戶，從汽車、營建、船舶、重工業到銀行、化妝品、藥品、百貨公司等各大商社、財團，包羅萬象。他常與日本各界接觸，隨時都在為促成台灣與日本的友好交流盡心盡力。

舉例而言，賴浩敏曾長期擔任日本台灣交流協會台北事務所的法律顧問，除了提供法律專業意見之外，當協會在台灣執行業務遇到任何問題時，他總是不吝於提供協助。

除此之外，他也曾擔任日本人學校、台灣日本人會（以前的台灣省日僑協會），以及台北市日本工商會的法律顧問。

在一九八八年，賴浩敏和許多曾經領取日本文部省「國費留學生獎學金」、「交流協會獎學金」獎助的台灣留學生，一起成立了「日本獎學金留學生聯誼會」，出錢出力，直到就任公職才卸下理事長重擔，但仍被推任為名譽理事長。

聯誼會不只服務台灣留日學生，當日本外務省實施研修生海外研修計畫時，也曾找賴浩敏討論研修生來台灣研習的可行性及相關辦法。賴浩敏一口答應擔任接待第一個研修生的寄宿家庭，並且號召聯誼會的會員也擔任寄宿家庭或安排研修生認識台灣的活動，同時自發地決定完全不向研修生收取寄宿費用。原因是基於台灣人向來的人情味與好客的習慣，以及因為想要回饋日本曾提供獎學金以圓留學夢想的那份感恩之心。

前來寄宿的研修生都是日本未來的外交官和外交幕僚，賴浩敏和聯誼會的付出，不但為台灣和日本在外交上的友好增進了一大步，也為遠赴重洋研修的年輕人們帶來了溫暖。

一位寄宿在賴浩敏家中的研修生還稱呼他為「台灣的爸爸」，稱妻子古登美「台灣的媽媽」，之後也一直和他們保持聯絡。這次賴浩敏獲得授勳，她也是前來道賀的親友之一。

此外，賴浩敏還曾參與重整「東京大學台灣校友會」，擔任兩屆會長，也接待了許多日本學界的重量級貴賓，包括名聞遐邇的核能專家有馬朗人教授（第二十四任東大總長）、國際知名化學家小宮山宏教授（第二十八任東大總長），以及諾貝爾物理學獎得主梶田隆章教授等。他也曾發起募款，支援東京大學的重要文化古蹟「安田講堂」整建工程，募集金額超過一千萬日圓，讓東京大學十分感動，特別授予東京大學台灣校友會「榮譽會員」的榮銜，並將其名號刻在安田講堂一樓入口處的銘版上，讓來往師生與外賓都知道台灣校友會的貢獻。

不僅止於此，爭議極大的「慰安婦補償事件」，賴浩敏也扮演了重要的角色。日本於一九九五年，成立了「有關女性的亞洲和平國民基金」，簡稱「亞洲女性基金會」，負責處理對各國慰安婦的補償事宜。

當亞洲女性基金會的代表衛藤瀋吉教授到台灣處理補償事宜的時候，賴浩敏擔任他的窗口，並代為將當時日本首相的道歉函與補償金轉交給慰安婦。

然而，台灣各界輿論認為「日本想以民間捐款私了拒絕國家賠償」，引發強烈的抵制，賴浩敏自然也承受巨大的壓力與抨擊，甚至還被罵「沒有愛國心」。抱持著「做正確的事就沒什麼好怕」、「自反而縮，雖千萬人吾往矣。」的心態，賴浩敏不為所動，仍然堅持到底。

沼田代表並沒有告訴賴浩敏，日本天皇是為了他做的哪幾件事而頒勳章表揚。但對他來說，他做的一切努力，都是因為他認為應該做，值得做，並不是為了得到別人的肯定或獎勵。

獲得敘勳，完全是出乎意料之外的事。

嚴謹的準備工作

沼田代表通知賴浩敏敘勳的消息之後，叮嚀他暫時先不要公布，因為授勳名單雖是經由嚴謹的挑選後才敲定，原則上不會更動，然而在程序上仍然要經過十月二十四日的內閣會議通過，才能報請天皇做最後的核定。在核定之前，必須先保密。

十一月三日，日本內閣府正式公布敘勳名單。日本總理安倍晉三署名的邀請函也透過日本台灣交流協會送到賴浩敏手上，賴浩敏終於能夠向親友宣布這個好消息。只剩下一個小小的困難需要克服：

根據禮俗，受勳者通常會設宴答謝前來道賀的親友。然而，眼下距離敘勳儀式的十一月七日，也僅剩下短短數日的時間，怎麼來得及呢？

後來在日台交流協會的建議下，賴浩敏採取了一個很有效率的方法：在敘勳名單公布之後，他先寄電子郵件給他在日本幾位最親近的師長和朋友，包括當初在日本留學時的老師松尾浩也教授、知名日本法學者塩野宏教授、日本台灣交流協會理事長、幾位東大同學，還有幾位他在律師界及商界的好友，邀請他們在敘勳典禮結束之後，到東京帝國飯店參加他舉辦的小型感恩宴。至於台灣的親友，就等他返國再招待了。

抵達日本後，賴浩敏和妻子便在日台交流協會的建議下住進了帝國飯店。

帝國飯店鄰近日本皇居，歷史悠久，曾經接待過皇室成員、國家首腦等國際知名人士，對於日本皇族重要儀典有相當的經驗，所能提供的服務也十分完善，包括：出席典禮必著的禮服、鞋子，勳章掛勾以及車輛的接送等，雖然所費不貲，卻讓準備工作輕鬆多了，也讓賴浩敏避免了在重要儀式失禮的風險。邀請函的正本以及典禮流程和注意事項，也在他們抵達日本後，由專人送到帝國飯店。

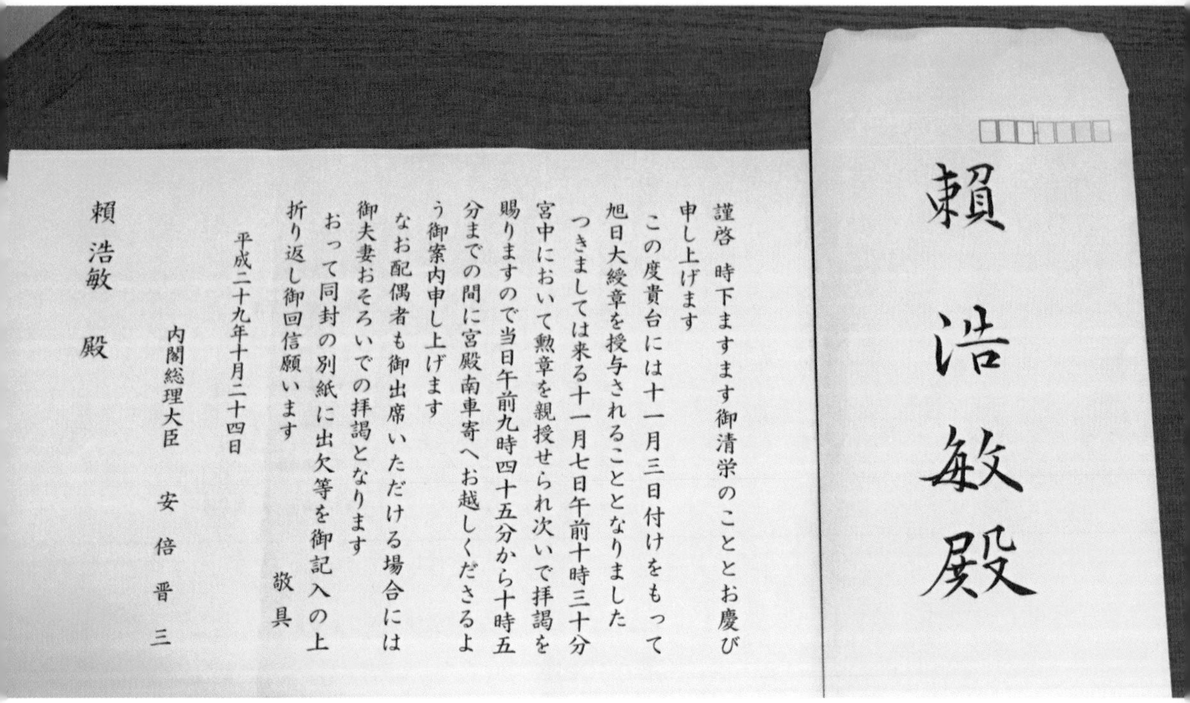

謹啓　時下ますます御清栄のこととお慶び
申し上げます
この度貴台には十一月三日付けをもって
旭日大綬章を授与されることとなりました
つきましては来る十一月七日午前十時三十分
宮中において勲章を親授せられ次いで拝謁を
賜りますので当日午前九時四十五分から十時五
分までの間に宮殿南車寄へお越しくださるよ
う御案内申し上げます
なお配偶者も御出席いただける場合には
御夫妻おそろいでの拝謁となります
おって同封の別紙に出欠等を御記入の上
折り返し御回信願います
敬具

平成二十九年十月二十四日

内閣総理大臣　安　倍　晋　三

頼　浩敏　殿

日方寄給賴浩敏的敍勳請柬。

①｜②
③

① 由日本安倍晉三總理大臣親自朗讀與頒發的旭日大綬章勳記。
② 敘勳典禮後神情自若的賴浩敏。
③ 敘勳後，賴浩敏夫婦（左四、右三）與親友在東京帝國飯店內舉辦的感恩晚宴。

儀式

車子在皇居的南車寄坂下門前停下，所有來賓都必須接受車輛通行證和來賓通行證的嚴格安檢。進入南車寄坂下門後，景象和氛圍立刻一變，和門外遊人如織的皇居外苑截然不同。賴浩敏夫婦在指定的地點下了車，在專人的引導下，走進皇居。

皇居裡的氣氛寧靜而古典，可以感受到日本幾百年的歲月和歷史，完全不受現代化的世界所沾染，仍然悠然自在地在這裡呼吸著。

賴浩敏夫婦跟著領路的專員走了一小段路，經過宮內廳廳舍，來到了氣勢宏偉的宮殿。

第一眼見到的是正面的東庭，以及長一百六十公尺的長和殿。當年賴浩敏和古登美正是在東庭此處看到皇太子和太子妃站在長和殿的陽台上向民眾揮手。

至於舉行儀式的皇居正殿松之間，舉凡皇室的新年賀年儀式、內閣總理的任命大典、接受新任外國使節呈交任命狀、甚至天皇的即位典禮都是在這裡舉行的，可說是皇居最高級別的房間。

松之間佔地三百七十平方公尺，非常寬廣，欅木地板光滑如鏡。座落在房間正中央那張充滿歷史感的高背椅，正是天皇的御座。

由於是天皇親授式，典禮流程格外嚴謹隆重。男士必須穿著燕尾服，女士則須穿著日本傳統的白襟紋付和服或是西式深色長洋裝，或自己國家的傳統正式服裝。

在正式開始前，必須先彩排兩次，由專人暫代天皇站位，確認不會發生任何錯誤後，儀式於十點三十分正式開始。

由於部分受勳者無法到場，參加典禮的受勳者只有九名：日本人六名，外國人士三名。除了賴浩敏以外，另外兩位外國受勳者分別是曾擔任伊朗駐日大使的莫塔基（Manoucherhr Mottaki），以及澳大利亞前外務大臣、聯邦議員皮考克（Andrew Peacock）都是德高望重的政界人士。

儀式雖然會邀請受勳者配偶觀禮，但在授勳典禮當下，只有受勳者本人可以接近天皇，配偶必須在別的房間等候。

為強調儀式的寧靜莊嚴，現場也完全杜絕媒體進入，更不會出現閃爍不停的鎂光燈。

授勳儀式採一對一方式，一次只有一位受勳者可以入場。輪到賴浩敏的時候，他先站在松之間門外，等到門旁的式部官指示後再入場。他一進門就先站定，由旁邊的式部官宣達他的姓名。

「賴浩敏！」

左：賴浩敏與妻子古登美攝於敘勳典禮後。
下：由日本天皇親授最高等級的旭日大綬章。

直到這時，受勳者才真正見到明仁天皇。畢竟已經過了幾十年，天皇年事已高，身形當然不像留學時代見到的那樣英挺。但是，天皇威儀莊重，面帶和藹的微笑，充滿了君王的威儀，讓人肅然起敬。

像之前排練過的一樣，賴浩敏先站在門口向天皇一鞠躬，接下來再前進到距離天皇兩公尺的地方站定，再次對天皇行深鞠躬最敬禮。然後再往前一步，來到天皇面前。

天皇將裝有旭日章和綬帶的盒子，交給賴浩敏。

接下勳章後，賴浩敏向後退一步，行鞠躬禮，然後右轉，走到安倍晉三總理大臣面前，再行鞠躬禮，準備接受勳記。

這天之前，賴浩敏只在電視、報紙上看過安倍晉三總理，見到本人還是第一次。雖說安倍總理可算是日本權力最大的人，但在儀式中，他非常認真地扮演輔佐天皇的角色，舉止得體，完全沒有喧賓奪主的表現。

安倍總理開始以清晰的聲音朗讀勳記，朗讀聲在廣大的松之間裡迴蕩著，充滿了穿透力，也再次讓人感覺到安倍總理身為政治家的魅力。

安倍總理朗讀完畢之後，將勳記交與賴浩敏，賴浩敏退回之前的位置，左轉，再度對天皇行最敬禮，然後向右後轉，往入口的方向前進，走到剛進門的位置時，他再次右後轉面對天皇，行一鞠躬禮，然後退出松之間，到旁邊的房間和妻子會合。

旭日大綬章包括雙章和綬帶，穿戴大綬章必須先脫下燕尾服外套，將綬帶由右肩往左腰披戴，讓正章垂在近左腰的位置，然後穿上外套，將雙章中較小的副章配在燕尾服的左胸口。依據日本皇室儀節，不宜在天皇面前穿脫外套，所以受勳者的勳章是在別的房間，由專人協助配戴。

配戴完畢後，賴浩敏這才偕同妻子與其他受勳者及其配偶一起回到松之間，謁見天皇，聆聽天皇的致詞。

與一般想像的嚴肅與一板一眼的態度不同，天皇致詞時的態度非常親切，完全不會讓人感到壓迫或緊張。他在致詞中稱讚每位受勳者的貢獻，勉受勳者繼續努力奉獻人類社會，語氣誠懇，威而不猛，令人感受不愧為君王的氣度。

天皇致詞結束後，便由最年長的日本受勳者代表致謝詞，接著所有受勳者到庭院裡拍攝紀念照供媒體報導，儀式就順利結束了。

此次獲頒旭日大綬章的三名外國籍人士：除了賴浩敏（右四）以外，另外兩位外國受勳者分別是曾擔任伊朗駐日大使的莫塔基（Manoucherhr Mottaki）（右二），以及前任澳大利亞外務大臣、聯邦議員皮考克（Andrew Peacock）（左一），都是德高望重的政界人士。賴浩敏左胸口另有一藍色綬帶，上面別的是過去日本天皇頒授的「紺綬褒章」。

瀟灑走一回

經過了授勳儀式，得到了如此高的殊榮，賴浩敏高興之餘，仍感到有些遺憾，不能和父母分享這份榮耀。

賴浩敏的父親原本是很有才幹的人，卻在他六歲時不幸過世。母親含辛茹苦撫養他長大，但也在幾年前離世，甚至無緣目睹他當上司法院院長。

雖然遺憾，但賴浩敏仍然慶幸父母所帶給他的身教，早已成為他精神思想的一部分，在一生的歲月中一直影響著他。最好的證明就是，從知道獲得授勳消息的那一刻開始，到授勳典禮結束為止，他的心情一直是很平靜的。沒有緊張，沒有惶恐，更不會興奮過度。

這有一部分是因為，這次的敘勳可說是早有跡象可循，是以賴浩敏並不驚訝。早在民國九十八年（西元二〇〇九年），他就曾經接到日本台灣交流協會的通知，日本內閣已將他列入敘勳名單，當時想要頒贈在文化交流層面最高榮譽的「文化勳章」給他。

然而，在同一年的八月，賴浩敏傳出將出任中央選舉委員會主委後，便隨即接到交流協會的致歉電話，表示中選會是台灣的內閣部會，日本天皇無法授勳給無邦交國的內閣閣員，敘勳一事只好暫時作罷。

套句日本台灣交流協會友人的話：「賴桑，如果您不是去了中選會，這個勳章在八年前就頒給您了。」他在祝賀賴浩敏得到大綬章的席宴上這麼說道。對他來說，這次受勳或許是一份遲來的殊榮。

但賴浩敏並不介意。對向來不慕名利的他來說，自己多年對台日交流的貢獻得到肯定，已是足夠高興了。

所以，現在得到勳章，他並不會太得意，過去沒得到也不覺得失落。

回首過往，賴浩敏認為自己的人生就像葉蒨文唱的歌〈瀟灑走一回〉。他很喜歡這首歌，並時常用它來自我勉勵：遇到逆境時就接受事實，試著去包容、去解決問題。關關難過關關過，做事只求全力以赴。至於會不會得到什麼好處，他並不在意。

「做什麼，像什麼。」就成了賴浩敏時常掛在嘴邊的口頭禪。

賴浩敏之所以能養成這種性格，或許和他這輩子自六歲開始的曲折經歷有關。

第一個律師出身的司法院長：賴浩敏

「做什麼，像什麼。」賴浩敏院長自信地說。
或許，要認識今日的賴浩敏，我們有必要從他幼年的故事開始說起。

Chapter

2

典範的養成：走上學法與自主之路

學法有成、剛走上獨立開業之路的賴浩敏，為了維持律師事務所，無論是民事、刑事、商事或商標案件，他通通都接。

早上開庭、下午開庭，午餐時間用來接待客人。下了班回家吃飯洗澡後，又開始寫訴狀，起訴狀、上訴狀、理由狀、答辯狀……

1969 年，賴浩敏自東京歸國後，選擇於新竹開業。

才子的風範

如果要賴浩敏形容自己的前半生，他會說是「平順的逆境」。逆境怎麼會平順呢？這當然就跟他的家庭背景和個性有關了。

他在西元一九三九年一月二日出生於苗栗縣頭屋鄉獅潭村東新庄，那時是日治時代，當時的地名是新竹州苗栗郡頭屋庄。

他的祖父是頭屋鄉的木匠，幾個兒子不幸夭折，只剩大伯和他父親這兩個兒子，和兩個女兒。

賴浩敏的大伯在小學四年級時輟學，跟著賴祖父當木匠，賺錢貼補家計。原本賴浩敏的父親也應該在小學畢業之後跟著大哥步上木匠之路；但鄉長和賴父的兩位小學老師——一位台籍一位日籍，認為賴父在校成績優異，就此輟學實在可惜，因此，登門向賴祖父勸說，讓賴父繼續升學。

「賴桑，你這兒子頭腦這麼好，應該要讓他繼續讀書才對。」

「飯都吃不飽了，還讀什麼書？而且他哥哥四年級就輟學了，他還有讀到畢業，更應該補貼家裡。」賴祖父一口回絕。

最後，鄉長和老師們召集地方上的有力仕紳，一起募款，籌措賴父上台北考試的費用，賴父才得以考入台北師範就讀。就讀師範學校完全免學費，還有公費生活津貼可以領，畢業後又可以立刻分發就職，這也才讓賴祖父不再反對。

賴父在台北師範成績優異，每年都是第一名，並且年年擔任級長，頗得師長的賞識。在學期間，他一度得到腳氣病，被迫休學休養。復學之後，他成績仍舊出色，照樣得第一名。

畢業之後，原本可以再到日本讀大學深造，卻因為健康問題不得不放棄，留在台灣就職。賴父對這件事感到非常遺憾，常說：「如果不是被這副身體折磨，我絕不是會困在台灣的人。」

之後賴父被分發回到頭屋國小擔任教師，表現同樣驚人。當時的小學教師在官等上是勳八等，賴父則高了兩級，勳六等，而且不久之後，年紀輕輕就當了訓導主任，之後更升任副校長。

賴父為人正直，對待任何人都是非分明，理直氣壯，即使對方是日本人也毫不退縮，自然也得罪了不少人。有一年，新竹州的知事（相當於現在的縣長）把他叫去。

「賴君，有些人看你不順眼，到我這裡來舉報你。不過你放心，我支持你。」

連日本行政當局都非常看重他。

而賴浩敏母親娘家家境富裕，賴母是么女，最為受寵嬌貴，賴外公原本捨不得把女兒嫁到貧窮的賴家，回絕了來提親的媒人，但賴的大舅媽開口了：

「哎呀，不要這麼堅持啦。她都這麼大年紀了，再挑三揀四，小心嫁不出去！」

這話雖然刺耳，但賴外公轉念一想，女兒已經二十五歲，過了適婚年齡，賴的父親是這樣的才子，連鄉長演講都要找他寫講稿，把女兒嫁給他似乎也不是壞事，因此又找人去把媒人追回來，才成就了這段姻緣。

只是，賴母就像賴浩敏的外公所擔心的一樣，嫁進賴家確實受了委屈。

那時家裡除六分農地外，還有些菜園種植花生、地瓜等作物，家人都要下田工作，賴母是千金小姐自然做不來，常受人指指點點，並不快樂，加上孩子一個接一個出生，實在需要一個自己的家。直到後來，學校分發宿舍給賴父，一家人才終於得以獨立生活。

西元一九四五年，二戰結束，日本退出台灣，賴浩敏的父親奉命接收頭屋國小，並擔任校長。原本前途一片光明，悲劇卻忽然來襲。

晴天霹靂

賴浩敏的父親原本就遺傳了家族的氣喘體質，身體一直很虛弱。接任校長後，更因繁重校務，沒有時間好好休息。某日在處理重要校務後返家，忽然氣喘發作，因為窮鄉僻壤，就醫不便，只能就近拜託助產士幫忙打止喘針。不料助產士看不懂新藥針劑的英文說明，竟將只能肌肉注射的針劑施以血管注射，造成賴父五分鐘內猝死。年幼無知的賴浩敏在旁親眼目睹父親掙扎死亡，除了無助地猛搖父親小腿，什麼辦法也沒有。

那年賴浩敏只有六歲，大姊十一歲，二姊九歲，妹妹四歲，大弟兩歲，而么弟尚在賴母腹中。遭此變故，賴家不但失去經濟支柱，學校宿舍也不能再住了，一家人的生活瞬間陷入困境。

不得已之下，賴母只好忍痛將最小的女兒送給賴父的學生當養女，自己則帶著賴浩敏姊弟搬回老家與伯父、伯母同住，一家六口擠在一個小房間。

那段期間，賴浩敏一家六口的生活除了靠賴的外祖父母、舅父、姑媽、姨丈、姨媽偶爾的接濟外，主要是賴母硬撐著柔弱的身體，為人做裁縫，養豬、雞、鴨、鵝，種蔬菜出賣，以及做零工，想方設法，賺點小錢糊口。

有一次，全家幾乎都感染瘧疾，卻沒錢看病。賴母只好硬著頭皮叫賴浩敏的大姊寫信，向在台北市政府任建管科長的哥哥（賴浩敏的舅舅）求救。信寫好了卻發覺沒有錢買郵票寄信，實在淒慘無比。

雖然如此，賴母仍然堅強無比地擔下了照顧全家的重任。她從小嬌生慣養，右：賴浩敏的父親賴阿和先生。
下：賴浩敏與母親（右二）及兩個弟弟（左二大弟哲彥、右一小弟國彥）。

對賴浩敏一生性格養成有著關鍵性影響的賴母賴范九妹女士。她堅強無比、義無反顧地在最艱難的時刻照顧賴氏一家，其常掛在嘴邊的「到該時，擎該旗」更成為賴浩敏一生謹記在心的座右銘。

身體又柔弱，面對艱困的生活卻始終平靜以對。她常說「時到時當」，或是用客家話說「到該時，擎該旗」，在什麼場合就要舉什麼旗。意思是不管遇到什麼困難都不要逃避，該怎麼做就怎麼做。

在母親的潛移默化之下，賴浩敏也養成了「做什麼就要像什麼」的態度，用平常心面對逆境，不憂不懼。

因環境所迫，賴父賴母雖然很重視子女教育，卻也只能勉強讓賴浩敏的兩個姊姊讀完初中，即無法再升學，必須就業賺錢維持家計。而身為長男的賴浩敏，肩負振興全家的責任，更是發憤讀書，完全不能鬆懈退縮。

他原本就讀頭屋國小，每天努力用功，從一年級到五年級都是第一名。五年級結束的時候，他的表哥，也就是大姑媽的兒子，問他：

「阿 no，明年我要當六年級的導師，你要不要來給我教？可以住我家哦。」

阿 no 是賴浩敏的小名，因為他的日文名字叫做 hiro（ヒロ，浩），祖母覺得 hiro 不好唸，唸成 hiro，叫來叫去變成 nono，後來便直接叫 nono 或阿 no。

表哥在苗栗建功國小當老師，而建功國小在苗栗是相當有名的學校。賴浩敏考慮了一下，覺得去那邊讀書給表哥教也不錯，就同意了。

年僅十一歲就離開家人，在姑媽家寄人籬下，讀一所陌生的學校，對一個孩子來說是很大的挑戰，賴浩敏卻一點也不害怕，對所有的變化淡然處之。

聽到他要轉學，頭屋國小的校長跟老師都很不捨，因為賴浩敏是縣長獎的唯一候選人。但賴浩敏還是毅然決然地離開了。

小小年紀離家闖蕩

在建功國小，前一兩個月最辛苦，因為建功國小很多教法和頭屋國小不同，尤其是數學。例如流水算、雞兔算、植樹算等等，他之前都沒有學過。不過，他很快就適應了，成績又開始領先同學。

身為外來轉學生，成績又好，引來了其他學生的嫉妒，再加上他身材又瘦又小，只有二十七公斤，就成了被霸凌的對象。

因為他瘦，臉型也比較小，嘴型較尖，同學就給他取了「尖嘴」的外號。平常都不叫他名字，只會「尖嘴」、「尖嘴」地叫，藉以羞辱他。

不但在學校被排擠，賴浩敏在姑媽家也有些不舒服的體驗。雖然姑媽是他的親人，姑媽及表哥、表姊都很照顧，但他在姑媽的大家庭裡畢竟是外人，不能要求大家對他一視同仁，偶爾難免會在他人的臉色和語氣中，感受到淡淡的涼意。

除此之外，他跟一般的小學生不同，別人上午要上四堂課，他只上三堂，因為要幫當導師的表哥送便當。

表哥原本是帶便當上班，到了中午就吃冷便當。賴浩敏來了之後，表哥不再帶便當了。第三堂課下課後，表哥就說：「阿 no，你可以回去拿便當了。」然後賴浩敏就得走半個多鐘頭的路回去姑媽家，把表嫂做好的便當提到學校，讓表哥吃熱騰騰的中飯，自己則是到學校附近姨媽家吃午飯。

姨媽家在玉清宮附近，離建功國小約十幾分鐘的路程。而姨媽家的表哥有個兒子，在輩份上是他的姪兒，年紀卻比他大，就讀當地中學，偶爾也會冷言冷語，嫌賴浩敏只懂閒著等飯吃，不會幫忙做家事、準備碗筷、端菜等。還好姨媽聽到了總會客氣地說：「他還是小孩子，不要這樣。」

但是，無論是同學的嘲弄或是親人的臉色，賴浩敏總是淡然處之。他自己也不知道為什麼，不管別人怎麼惡劣對待他，對他幾乎沒有影響。彷彿體內有一股力量，很自然地把這些攻擊吸收、化解掉了，沒有留下任何傷害。

換成其他人在遭受不公待遇的時候，可能會咬牙忍耐或含淚承受，並且在心裡默默發誓：「總有一天我要出人頭地做給你們看！」但賴浩敏沒有。

所以，賴浩敏一直很感謝上天，賦予他處逆境而能淡定以對、坦然接受的能力。不是忍耐，不是壓抑，是不在意。

在建功國小雖然常被霸凌，卻也不是只有不好的回憶。在這裡，賴浩敏接觸了棒球，非常喜愛這項運動。雖然因為同學排擠他，加上個子小不能參加球隊，

右：賴浩敏建中初中時期寄宿在舅舅家，隨舅父母遊陽明山時，與表妹表弟合影（後左一）。
左：賴浩敏的舅父、舅母。

只能偶爾玩一玩，他對棒球的喜愛卻持續了一生。

小學畢業的時候，很意外地，成績優秀的賴浩敏沒有得到縣長獎，不但如此，他甚至沒有得到自己班上的第一名成績。

那屆的建功國小畢業生共有甲、乙、丙、丁、戊五班，甲、乙是女生班，丙、丁、戊是男生班，賴浩敏是丁班。畢業的時候，他只拿到丁班的第三名。得到丁班第一名的同學，是建功國小教務主任的兒子。而第二名則是一向拿第一名的同學。但據說這兩個人的成績都不如他，畢業的名次卻在他之前。

後來，導師表哥私下表示：「其實阿 no 成績才是最高的，每次考試都是第一。但是，要是不給教務主任的兒子第一名，或一下子把原來的第一名拉到太後面，我以後會很難做人。而且阿 no 是我表弟，如果讓他拿第一，我會被講閒話。」

於是本該屬於賴浩敏的榮譽就這樣被搓掉了。

人生第一次，興奮得跳了起來……

小學畢業後，接下來就要考初中。那時沒有聯考，考生必須一一到想讀的學校考試。

很遺憾地，當時苗栗沒有出名的中學，比較有上進心的小學畢業生想要報考中學時有三個選擇：新竹中學、台中一中，成績更好的學生還會去報考台北的學校。其中離苗栗最近的學校是新竹中學，但火車通勤也要一個半小時。所以，對苗栗的學生來說，上中學是件很辛苦的事。

賴浩敏報考了新竹中學和台中一中。其中台中一中的入學考除了學科，還要考體能測驗：單槓引體向上、擲鉛球及跑八十公尺。但是，賴浩敏在寄居姑媽家的時候，腳上長了俗稱「爛疤仔」的皮膚病，常發癢作痛，影響走路；加上常吃淡水螃蟹，得了肺蛭病，時常會吐血，身體狀況不是很好。

台中一中考完學科後第二天，賴浩敏去參加體能測驗，腳上瘡疤嚴重發炎，行動不便，監考人員看到他連走路都吃力的樣子，馬上說：「你不用考跑步好了。」

不過，後來他還是考取了新竹中學和台中一中。

由於家境的關係，賴浩敏原本只打算報考這兩所學校，他的舅舅卻提議：「阿no，你來台北考試吧，可以住在舅舅這裡。」

舅舅向來疼愛身為么妹的母親，加上他擔任台北市政府建築管理科的科長，地位頗高，家境也算上富裕，有能力也有意願照顧賴浩敏。

於是賴浩敏接受了舅舅的好意，請父親的學生帶他北上報考建國中學，並寄住在舅舅家中。

當舅媽聽到賴浩敏要考建中，就問他：「阿no，你曉得建國中學是什麼樣的學校嗎？」

賴浩敏說不曉得，她說：「建國中學是最好的學校，是全國最優秀的學生才敢來考的，你一個鄉下孩子，居然這麼大膽敢來考！」

雖然還沒考試就被潑了一桶冷水，賴浩敏並沒有受到打擊，只說：「我試試看好了。」

他抱著「考考看」的心情去應試，考前才想到自己沒有手錶，還臨時跟舅舅借了一只。

那時全國有許多學生來考建中，據說錄取率非常低，十個人中最多取一個。因為考生不多，幾週後就放榜了，放榜那天賴浩敏獨自去看榜。榜單高高地貼在建國中學的川堂牆上，榜單上寫著錄取者的姓名，還用紅筆勾起。很多人看到自己錄取，高興得跳了起來。

賴浩敏仔細地盯著榜單，照著號碼一個一個往下看，然後他看到了自己的名字。

這時，一股前所未有的喜悅湧上心頭，他也不由自主地跳了起來。那是他人生中唯一一次因為太高興，興奮到忘我的經驗。

賴浩敏的導師表哥聽說他錄取了台中一中和新竹中學時，特地為他畫了從家裡去台中一中的地圖，方便他去報到。當賴浩敏在台北舅舅家等建中放榜的時候，表哥還很著急地問他為什麼不快回家準備去台中報到，後來才知道賴浩敏已經考取建中了。

於是，考取了建國中學的賴浩敏，便繼續寄宿在舅舅家裡。舅舅和舅媽慷慨地照顧他的衣食起居，讓他非常感謝。只是就像之前寄宿在姑媽家一樣，偶爾還是會發生一些意想不到的場景。

某個星期日，賴浩敏穿著木屐，和表弟表妹們在屋外巷子裡奔跑嬉戲，不小心在石子路上滑倒，木屐的帶子斷掉了，他只好把壞掉的木屐擺在一個小狗屋上面。

當時舅媽沒有說話，到了第二天星期一，賴浩敏剛好學校要學期考試，一大早剛起床還沒吃飯，舅媽卻劈頭就氣呼呼地說：

「阿 no，你住在我這裡，我一直是把你當我自己的孩子看待，你如果到別人家會過得這麼好嗎？」講完這句沒頭沒腦的話，接著又說：「為什麼你那麼不小心把木屐弄斷？」

其實，那雙木屐的結構本來就很脆弱不牢靠，一條橡膠的帶子釘在木頭鞋底的兩邊，原本就很容易弄斷，她卻因此責怪賴浩敏。

賴浩敏當然不敢回嘴，心情也多少受了點影響。當菜上桌後，他緊張得不敢先夾菜。但除此之外，他並沒有受到什麼傷害。

台北小孩與「客人仔鬼」

進入了建國中學，他每天從舅舅家通勤上學，從中山北路坐「10路」或「17路」公車到台北站，再從台北站轉搭「5路」公車到牯嶺街，再從牯嶺街走到學校。因為轉車實在太麻煩，後來就改成騎腳踏車上學。

在學校裡，賴浩敏深刻地體會到何謂「城鄉差異」。

他來自純樸的苗栗，跟繁華的台北一比自然是窮鄉僻壤，加上當時資訊不發達，身上仍然保留著鄉下小孩的單純憨傻，但台北市的同學感覺就比較精明靈活，加上家境比較富裕，多少有些傲慢。

在他還沒開始騎腳踏車上下學的時候，某日放學，他走出學校前往台北站搭車，另一位家住館前路的同學剛好順路一起走。走到總統府前廣場，兩人忽然一言不合吵翻了，那位同學罵他「客人仔鬼」。賴浩敏一時火起，兩人居然就在總統府前，在站崗憲兵的面前打了起來。

那是他在學校跟人衝突最嚴重的一次，不過以賴浩敏的個性，打完就算了，心裡並沒有留下什麼嫌隙。除此之外，他跟同學並沒有什麼摩擦。

在建中求學期間，賴浩敏交到人生第一個日本好友，名叫豐澤浩一。豐澤因為家庭因素，在台灣就學。他和賴浩敏建中初中及高中同校六年，感情很好，後來也一起考上台大，不過他讀的是政治系。

成年之後，豐澤成為台灣女婿，娶了苗栗縣長林為恭的千金林玉蓮。

賴浩敏和豐澤之間的友誼持續了幾十年，日後賴浩敏獲得大綬章，豐澤也參加了他的感恩宴。

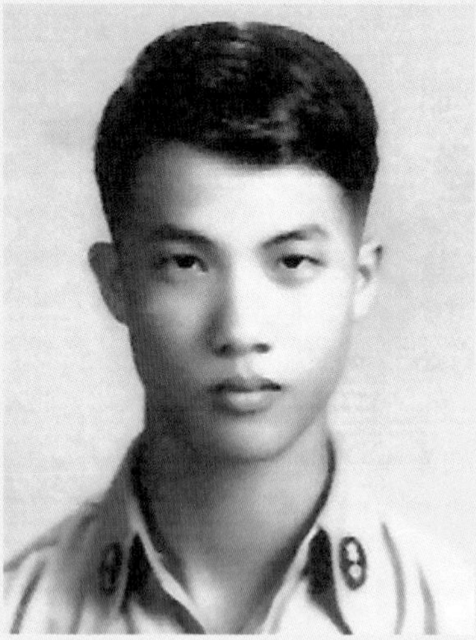

① | ②
③

① 1957 年建中高中部畢業。
② 賴浩敏建中高中時期攝於生物實驗課（前排中）。
③ 建中高中時期將畢業時，與同學於植物園合影留念（後右六為賴浩敏，後右三為豐澤浩一）。

恩師的關懷

在建中時，賴浩敏遇到三位非常有愛心的老師，到現在仍然感念不已。每次提到這三位老師，總是忍不住哽咽。

一位是初三的導師李雅韻老師。李老師教國文，是一位非常美麗的女性，就讀北京大學時還被譽為校花。一九五三年（民國四十二年）冬天某日，她把賴浩敏叫到宿舍，交給他一塊卡其布，對他說：「冬天很冷，你這麼瘦又穿得這麼單薄，會著涼的。我知道你媽媽會做衣服，這塊布你拿回去，請你媽媽給你做條長褲穿，才不會冷。」

這番關懷，讓賴浩敏感動得淚流滿面。

李老師後來遞補為國大代表，可惜身體不好，四十多歲就過世了。賴浩敏想到自己來不及報答恩情，總是非常惆悵。

另一位是高一教授國文的丁榮老師，他住在學校的宿舍裡，生活起居十分儉樸，卻從來不吝於付出關心。他知道賴浩敏家境清寒，常常主動關懷，又覺得他太瘦弱需要訓練，還幫他報名「救國團的青年先鋒營」鍛鍊體力。

丁老師除了常勉勵他「惟曠達所以處逆境，健康始能克服困難」，畢業時更

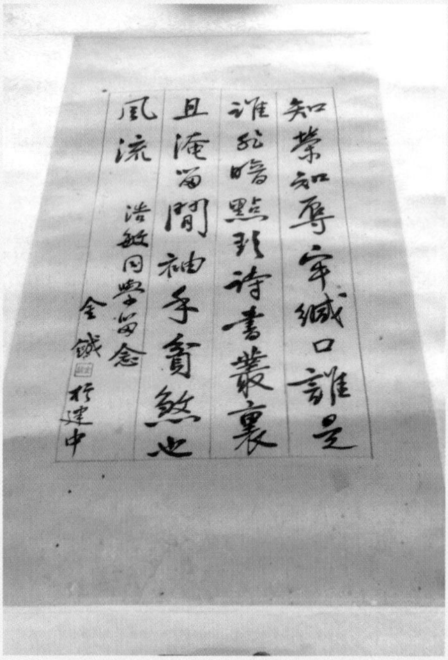

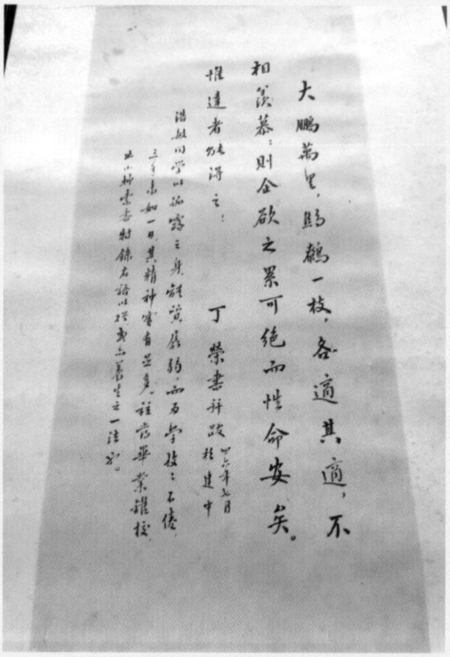

右：建中高一國文丁榮老師題贈。
左：建中高二國文金越老師題贈。

送了一幅軸給賴浩敏，裡面寫著：「大鵬萬里，鷦鷯一枝，各適其適，不相羡慕，則企欲之累可絕而性命安矣，為達者能得之。……浩敏同學以孤露之身，體質孱弱，而為學孜孜不倦，三年來如一日，其精神實有足多。茲當畢業離校，持小軸索書，特錄右語以贈，或為養生之一法也。」幸好賴浩敏不負老師的期待，健康確實有改善。

還有一位高二教授國文的金越老師，平時也非常關心賴浩敏的學業及身體狀況，在賴浩敏畢業時送給他一幅題有以下內容的墨寶：

知榮知辱牢緘口　誰是誰非暗點頭
詩書叢裡且留閒　袖手貧煞也風流

賴浩敏深受啟發。

翻牆讀《林肯》

跟以往一板一眼規規矩矩的小學不同，建中的校風向來自由，崇尚自我，為自己行為負責。學生自動自發讀書，上課認真聽講，下課也玩得很瘋。運動社團如橄欖球、足球都很熱門。可惜賴浩敏又瘦又小，初中剛入學的時候只有二十七公斤，無法加入運動社團。不過，到了高中之後，他的體格變得比較壯碩，外表也帥氣多了。

建中學生不僅下課時間很會玩，如果遇到不喜歡的課，還會毫不客氣翹課。那時建中有一條很特別的校規：「禁止翻牆。」因為建中的正門雖然門禁森嚴，後門跟寧波西街隔鄰的圍牆卻有一個缺口，一翻就過去了，對學生造成非常大的誘惑，所以才有這條校規。翻牆第一次被抓記大過，第二次直接開除學籍。一旦被開除學籍，學生就再也不能轉去別的學校。

雖然有這麼嚴格的校規，賴浩敏還是無數次地翻過那道牆。因為在建中，不敢翻牆的同學會被視為「孬種」、沒有用的人，這條不成文規定已經變成建中的傳統了，直到現在還保留著。

翻牆逃學之後，賴浩敏跟其他同學一樣，有時會去看電影，或是去碧潭划船，但也有很多人會跑去台北博物館。那時博物館還有圖書室，賴浩敏就在裡面看書。

圖書室環境清幽，藏書豐富，賴浩敏在那裡讀了許多自己有興趣的課外書。初中時主要讀偵探小說，最愛看福爾摩斯探案，以及霍桑探案，還有現在幾乎找不到的陳查理探案。高中時期興趣轉向古典文學，讀完了《莎士比亞全集》，再讀王爾德作品，《紅樓夢》也不知道看了幾遍。

在這些課外書中，對賴浩敏影響最大的，就是《林肯傳》。林肯的正義感，對人類的社會公義不遺餘力地維護，讓賴浩敏深受感動。

賴浩敏自己也是個正義感很強的人，從小就愛打抱不平。坐公車排隊的時候，如果看到有人插隊，他一定會去把對方拉出來，指責他：「不可以插隊！」看電影的時候也一樣，電影是當時唯一重要的娛樂，更不能容許別人在排隊買電影票的時候插隊。他只憑著一股正氣打抱不平，完全無視自己又瘦又小，阻止插隊可能會被揍。

讀完《林肯傳》，他感覺深得我心，產生「大丈夫當如是也」的感慨。人生最重要的不是做官，而是維護公平正義，小處打抱不平，大處替天行道。由於林肯當過律師，賴浩敏對律師工作也產生了嚮往，認為律師是可以對社會有所貢獻的行業。

除此之外，他當然也有現實考量。律師的工作收入較好，可以過中上水平的生活。當時苗栗有兩大政治派系，劉派和黃派，他們的領導者劉闊才跟黃運金都是律師，可見律師可以得到很好的社會地位。

再加上很多人都稱讚賴浩敏口才不錯，讓他覺得自己很適合律師這行業，所以他當時就下定決心：「好，我將來要當律師！」

他就此決定了一生的志向，從來不曾改變，而且無怨無悔。

法律系，我來了！

考大學的時候，賴浩敏得以保送成功大學。其實他原本應該可以保送台大，卻被一位來自高雄中學的轉學生擠掉。

照理在申請保送的時候，轉學生之前在原校的成績是不被採認的，卻因為建中的新校長是從高雄中學調來的，他認為高雄中學水準很高，應該要採認。雄中的成績一加進來，那位雄中轉學生剛好把賴浩敏保送台大的名額佔走，使得賴浩敏變成保送成大。但是，成大沒有法律系，賴浩敏只好放棄保送參加聯考。

那個時候的建國中學以數理成績優秀聞名，很少有學生報考文法類組。賴浩敏的數學及物理老師也勸他：「你不是數理不好，為什麼要考法律呢？還是考理工科系比較好吧。」

但是，賴浩敏心意已決，毫不動搖。

填志願的時候，他的第一志願自然是台大法律系，第二志願則填了政大新聞系。因為他的文筆也常被稱讚，尤其是好幾位國文老師都說他文筆非常好。除此之外，他理想中的記者，可以透過媒體揭發社會的黑暗與不公平，並加以糾正或者是救濟，跟律師一樣，能夠伸張正義保護弱者，同樣是很值得做的工作。

第三志願是台大政治系，因為政治系同屬台大法學院，進去之後還有機會轉法律系。

他一路填到軍法學校，總共填了十幾個，都是法學相關科系。放榜後，賴浩敏考到四百二十三分，是第二名。榜首范光群，也是他未來的連襟，考了四百二十六分。那年法律系的錄取標準是三百八十幾分，他毫不費力地進入台大法律系司法組。

那時法律系分為司法組和法學組，歷年來一直是法學組成績較高，那年卻是司法組的成績比法學組高很多，尤其是前幾名。之所以選擇司法組，是因為他望文生義，認為法學組是研究法律理論，走學術路線，司法組則重視實務，目標是當法官或律師。賴浩敏的志願是當律師，當然選擇實務路線。

台大七賢

之前在建中，賴浩敏面對的是台北市和苗栗的城鄉差異，進入台大後，他再度面臨北部和中南部學生的差異。

來自中南部的學生都講台語，但北部的學生，尤其台北市的學生，是不講台語的，因為從小學開始，講台語要罰錢。在建中時，基本上外省人比本省人多，而賴浩敏本身是客家人，更沒有講台語的機會，直到大學畢業，他還是聽不懂台語。

除此之外，中南部學生看台北人很不順眼，他們看台北的建中畢業生更不順眼，認為他們很跩很囂張。所以，賴浩敏瞬間就從純樸的苗栗小孩變成傲慢的台北人了。

剛開始的時候，他和中南部的學生處得不是很好。等到大家慢慢熟悉了，接觸互動多了以後，開始覺得其實這個人還可以，那個人也不錯，感情變得融洽起來。

那時候包括張德銘和簡東隆在內的幾個同學提議：「我們來辦一個讀書會，固定每個禮拜聚會一次，定一個主題，大家來就主題發表意見。」賴浩敏也很贊成這建議。一開始讀書會只有四、五個成員，後來陸續增加到七個人，他們自稱是「七賢」。

七賢除了定期討論所定主題以外，也一起讀外文、英文，賴浩敏覺得受益匪淺。一來在大學裡學生讀書一定要靠自己，不可能靠老師，讀書會可以提供良性刺激，讓大家彼此切磋激盪，也更加認真讀書。

最重要的是，他在讀書會交到的朋友，很多都變成一輩子的好朋友，友誼一直持續到畢業之後。例如七賢中的黃柏夫、范光群，後來成為跟賴浩敏一起創辦萬國法律事務所的夥伴。當黃柏夫、范光群父親過世的時候，幾個夥伴也以義子名份，在告別式上披麻戴孝，有如親兄弟。

賴浩敏（左三）進入台大後，交到許多畢生至交，其中讀書會的七名成員更有著「台大七賢」稱號。其中諸如黃柏夫（右三）、范光群（右二）等，皆成為賴浩敏未來四十餘年的事業夥伴。

可惜的是，經過無情歲月的摧折，七賢難免逐漸凋零。尤其是某位徐同學，雖然很用功，但每次考試都考不好。他後來進了華南銀行法務室，卻又不務正業，甚至投資過賭場，弄出許多糾紛。後來，徐同學就漸漸和朋友們失聯了。很久之後，賴浩敏輾轉得知徐同學的消息時，才曉得原來他早已過世，朋友們甚至沒機會去送他最後一程。

同樣是台大的學生，際遇卻相差這麼多，連帶著友誼也無法持續，這點讓賴浩敏非常感傷。

盡情揮灑的大學生活

和中學時期一樣，賴浩敏在台大也靠清寒優秀獎學金生活。以他在聯考和高中的優秀成績，再提供清寒證明，每個月都可以領到一筆金額。原本是一個月九十塊，後來增加到一百二十塊，領了四年。他是西元一九五七年（民國四十六年）入學，以當時的物價水準來說，這筆獎學金已經足夠，加上他免交註冊費和學雜費，又住在舅父母家，不用負擔伙食住宿費，生活不需要太多開銷。而那時他的弟弟們還在讀中學，學費也不貴，所以他的經濟壓力不大，過得非常輕鬆快樂。

嚴格說來，賴浩敏在大學裡並不算太用功，至少不會一下課就躲在圖書館裡埋頭苦讀。比起一味死讀書，他比較重視讀書的要領。

賴浩敏從不死啃書本，不過一旦讀起書來便會追根究柢，務求讀通。他習慣先將一本書從頭到尾讀過一遍，在重點處或比較不熟的地方做記號，讀第二遍時就只讀自己標註重點的地方。賴浩敏稱這樣的讀書訣竅為「一遍半」，且在往後的人生中都用這個方法來讀書，除了深化記憶外，亦奠定他長年下來，「所有考試，每考必過」的成績。對於大小考試，賴浩敏皆抱持著捨我其誰的自信，絕不因競爭激烈而氣餒。「只要有一個名額，就有機會。」便成了賴浩敏自我期許與勉勵他人的座右銘。

除了讀書考試有方法，賴浩敏上課總是認真聽講，努力融會貫通，找出重點理解吸收，而不是死背理論和法條。還有，下課之後他常被同學包圍問問題，因為他總是比別人更快聽懂課堂上教的東西。而回答同學的疑問時，得在腦中整理一下才能正確表達說明，所以懂得更深刻。

他當年在建中就常翹課，進了台大後翹課更是家常便飯。有些老師只會教些陳腔濫調，完全不值得聽，甚至有人把幾十年前在中國大陸教書用的講義，原封不動又搬來台灣使用，這種時候賴浩敏就寧可翹課自己讀，也不願坐在課堂上浪費時間。

好不容易進了大學，與其死讀書，賴浩敏更想要盡情享受大學生活。他盡量參加各種課外活動，有的活動還會請有名望的居士來和學生討論佛經，讓他覺得非常有趣。

此外，賴浩敏不但認識了日後被稱為「台灣職棒之父」的洪騰勝，還和司法組、政治系的同學們私下組了一個棒球隊，常常一起打球，雖然不是正式的系隊比賽，他仍然充分享受了棒球的樂趣。

除了社團、運動之外，賴浩敏的戀愛學分也修了不少。事實上，比起讀書，他花了更多時間在交女朋友上。更有趣的是，他大學時代的女朋友都不是他的同學。

那時他們班的女同學共有十七個，而且已經算多的了，但男同學有五十幾個，競爭非常激烈。常言道：「好兔不吃窩邊草。」賴浩敏不想為了爭奪女同學的好感而破壞男同學間的和睦，寧可選擇結交校外女友。

他身為台大學生，外表條件也不差，原本就很容易引起異性注意。

曾有位小學同學在竹南的中國人造纖維公司工作，工廠裡有很多女性職員。某日，那位同學聽說賴浩敏幾點會坐某班公車到頭份，就在工廠裡廣為宣傳，結果賴浩敏一下車就被一大群女生團團包圍，人人爭睹他的風采。

「哇，他就是賴浩敏耶！」

「好厲害，上台大耶！」

面對這些場面浩大，有如迎接電影明星的迷妹陣仗，賴浩敏經常是維持他一貫的性格，淡然處之。

右：台大時期的賴浩敏。
左：賴浩敏台大畢業照。

但對於交女友，他認為談戀愛重視的是感性，不需要加太多外在的理性限制。所以，他對交往對象的條件幾乎不設限，不是在學學生也沒關係，年紀比他大也沒關係，反正大家都還青春年少。在這樣的觀念下，他的桃花運自然源源不絕，非常受異性歡迎。

例如，搭公車的時候，他常常碰到同一位車掌小姐，見面次數多了，自然就會打招呼閒聊，他覺得感覺對了，就自然展開交往。

那幾年，他的女朋友除了車掌小姐外，還有護士小姐、教員，甚至縣政府的職員。

住在舅舅家裡時，舅舅也有兒女，賴浩敏和表兄弟、表妹在同一屋簷下相處和睦，還曾經因為跟表妹感情好，被人誤以為兩人有戀情。

比較特別的一任是一位北一女的學生。當時賴浩敏在讀大一，女方是高一或高二。她的父親是省立某醫院院長，雙親都在外地，她獨自在台北求學。賴浩敏常在「10路」和「17路」通勤公車上碰到她，產生好感。先是在搭車刻意站得離她近一些，然後找機會和她打招呼，兩人就這麼聊了起來。

某次賴浩敏問她：「我們晚上去喝咖啡好不好？」她答應了。他們在詔安市場站會合，展開第一次約會。

後來又一起去碧潭游泳、划船，同樣玩得很愉快。

雖然兩人的交往沒有持續很久，這段青春洋溢的感情對賴浩敏始終是難忘的回憶。

連後來在日本留學時，也有當地女性表示希望和他一起回台，當他的地下情人，只要賴浩敏每週抽出一天陪伴，對方甘願自己教日文、教鋼琴謀生，絕不干擾他原有的正常生活。但因為已建立家庭，賴浩敏自是不為所動。

黑暗的白色

因為有天份，加上深得讀書要領，雖然沒有花很多時間讀書，賴浩敏的成績仍然很好。大學八個學期都名列前茅，拿了七次書卷獎，也就是在台大名列成績前百分之五。第八學期因為已經畢業，自然沒有書卷獎。他的畢業總成績是系上第一名。

畢業後不久發生了一件大事：那年是一九六〇年，蔣中正為了要第三次連任總統而修改《動員戡亂時期臨時條款》，凍結《憲法》中總統只能連任一次的規定。那時引起一些反對聲浪，台大也有人反對。不久之後，賴浩敏的幾個同學被抓走了。有人被關了二十四小時或四十八小時才回來，有人被關了六個禮拜，甚至還有人被關更久。

那位被抓二十四小時的同學本來已經在當律師了，被釋放之後，感覺彷彿變成了另一個人，非常消沉，眼神充滿恐懼。

朋友們問他，被抓的那段時間發生了什麼事，他只回答：「如果你們是我的朋友，就不要問我在裡面發生什麼事。」然後他就不再當律師，一生未婚，人生就這麼報銷了。

還有另一個同學在中壢某中學教書，被抓去關了幾個禮拜，回來之後也同樣變了個人。問他牢裡的情況，他也是說：「你千萬不要問我。」然後又補了一句：「反正在裡面，他們會讓你完全沒有作為人的尊嚴。」總之，就是把人折磨到覺得自己不被當人看，沒有任何尊嚴。

那一次，賴浩敏深深感受到「白色恐怖」的存在。

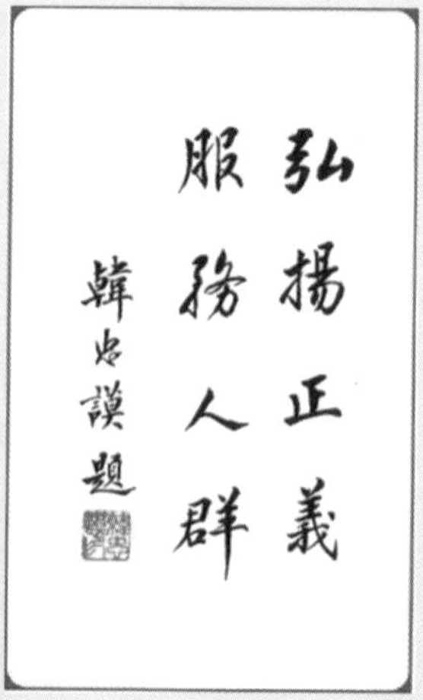

左：賴浩敏生命中的貴人
韓忠謨教授照。
右：韓忠謨教授題字。

榮耀與責任

法律系有個傳統，一定要畢業成績第一名的人才可以當助教。這個傳統非常嚴格，還曾經惹出不愉快的事。當時曾有一位教授的孩子也是法律系畢業，他去找當時的系主任韓忠謨教授，希望韓主任能讓孩子留在系上擔任助教。但是，系主任回答：「抱歉，這件事情由不得我。」

教授當然很不高興，「怎麼由不得你？你是系主任啊！」

韓教授回答：「不是的，這是我們的傳統，按慣例只有畢業總成績第一名的人才能當助教，您的千金不是第一名，所以很抱歉。」後來場面就弄得很尷尬。

賴浩敏畢業總成績平均是八十六點幾

分，法律系（含法學、司法兩組）第一名。畢業後在家裡讀書準備參加律師高考時，系上的助教也是學姊的柯芳枝寫信給他說：「系主任要你上來。」

賴浩敏依言北上見系主任韓忠謨教授。韓主任告訴他說：「你是我們系裡面畢業總成績第一名，要請你當助教。」

賴浩敏很高興，立刻回答：「好啊好啊，那我不去考高考了。」

雖然之前已下定決心當律師，但四年的大學生活讓他對法學研究產生了熱愛，加上能獲選擔任助教是極大的榮譽，而且做助教以後還是有機會去當律師，他不禁產生先留在學界繼續求知的念頭。

韓主任卻說：「不行不行，我覺得你還是應該去考律師，備而不用。」

於是，賴浩敏還是參加了律師高考，當然一試中的，在服兵役期間就收到合格通知。

退伍之後，賴浩敏開始在系上擔任助教。那時助教的月薪只有八百八十元，他另外兼了兩個家教，各二百二十元，一個月收入只有一千三百多元。但為了母親及家計、還有兩個弟弟（一個初三、一個高三）的學費及生活費，負擔很重，時常入不敷出，所以有時得去當地下律師，也就是在沒有登記的狀況下，私下在律師事務所接案補貼家用。

過了一段時間，韓主任察覺到他的身體愈來愈瘦弱，常常一臉疲憊，就找他

① | ②
③

① 律師高考及格的賴浩敏前去祭祀文昌爺。
② 賴母生日時台大摯友（七賢）來家作客（前排右一為范光群）。
③ 賴浩敏律師高考及格時苗栗鄉親舉辦的祝賀會（前排左起：頭屋鄉代會主席彭錦相、頭屋鄉長徐阿泉、狀元郎賴浩敏、苗栗黃派領袖黃運金律師、賴浩敏母舅范武遠）。

過去深談。瞭解他的狀況後，韓主任感傷地說：「雖然有意把你留在這裡栽培你，但學校所給的微薄薪水顯然不足以讓你養家，而制度方面短期內看不出有改善的可能，所以你還是專心去做律師吧！」

經過一番深思長考後，賴浩敏滿心不捨地拜別一路提攜他的韓主任，辭去了法律系助教職務。令他欣慰的是，韓主任一直等到自己將律師事務所安頓好後，才批准了辭呈。

賴浩敏當時大概沒有想到，這短短一年半的助教生活，卻在幾十年之後，給他帶來意想不到的回饋。

二〇一六年，賴浩敏卸任司法院院長，由於政務人員退職撫卹條例的修改，一毛錢退休金也拿不到，再加上他不是軍公教人員轉任的政務官，在任時也不能參加離職儲金。

然而，負責退休事務的人事處承辦人認為，賴浩敏前後當了七年的政務官卻不能領退職金，太不公平了，就四處翻找紀錄，找到他曾經當過台大助教一年半的年資。因此，賴浩敏就有了「教」的資歷。

所以，在人事處努力奔走下，賴浩敏得以領取公務人員極為微薄的養老給付。他當然不缺這筆錢，只把它當成當年辛苦當助教的紀念。

當助教帶給賴浩敏的最大收穫，就是得以和未來的妻子——古登美增進感情。

古登美的父親和賴浩敏的舅父是世交，多年的老友。古老先生常常到舅舅家串門子，幾乎都是賴浩敏泡茶給他喝。舅舅曾經問古先生：「你知道賴浩敏嗎？」古先生說不知道，舅舅說：「怎麼會不知道？他就是法律系第一名的。」

古登美比賴浩敏小一歲，也考上了台大法律系。賴浩敏聽說古老先生的女兒要進司法組，在二年級辦迎新會迎接一年級的時候就特別留意。

當他在報到處看到「古登美」的名牌時，就拿起來問：「哪一個是古登美？」古登美舉手了。

賴浩敏知道古登美的母親那時正因關節炎住院，住在他親戚開的邱內科醫院，舅舅和舅媽還曾去探望她。一見到古登美，他不先寒暄，也不自我介紹，就問：「妳媽媽身體好一點沒有？」這問題讓古登美覺得很怪：這個人是誰啊？只看到他的名牌放在口袋中，微微露出一個「賴」字。

後來她回家提到：「學校裡怎麼有一個人問我說媽媽身體好了沒？」古先生聽說是姓賴的，這才想起是賴浩敏。

雖說兩人就此相識，但在大學四年裡始終只是點頭之交。後來賴浩敏快畢業的時候，到商學館去拍照，遇到在那裡讀書的古登美，兩人聊了起來。

賴浩敏邀請古登美：「等我畢業以後，妳有空可以到頭屋來找我玩。」事後古登美埋怨他：「你很奇怪耶，叫我去玩，卻不跟我講地址？」賴浩敏回答：「這妳就不知道了，妳到了頭屋，隨便找個路人打聽賴浩敏，甚至是說 nono，沒有人不認識。」

在頭屋鄉，賴浩敏是第一個考取台大的人，可說是無人不知，無人不曉。就算寄信給他，只要在信封上寫「頭屋鄉 賴浩敏」，郵差照樣能送到。

一九六二年九月，賴浩敏退伍，某次在火車站碰到低一年的學妹，也就是古登美的同班同學，告訴他說古登美在七月的時候被彭明敏教授找去政治系當助教了。

等到賴浩敏也開始當法律系助教，遇到工作上的問題，就會去政治系辦公室找古登美，請教她。後來他知道古登美在廈門街找了一位修女幫她補英文，因為他對英文也有興趣，就向她推薦一本覺得很值得讀的英文參考書，對她說：「這本書很好，妳如果認為值得買的話，可以參考一下。」

某日下班的時候，古登美開口要求：「賴浩敏，你能不能陪我到書店去買上次你介紹的那本書？」賴浩敏答應了。

兩人交往期間，賴浩敏向表哥借了相機，在前台大法學院拍下古登美的照片，拿回家給媽媽鑑定。

買完了書，剛好來到晚餐時間，兩人就一起吃晚飯，之後再到中華路一間叫做「東山牧場」的店喝飲料聊天。雖然只是普通閒聊，卻更拉近了兩人的距離，之後又約了幾次，就開始交往了。

雖然之前也交過幾任女友，但賴浩敏並沒有考慮過和其他的女朋友結婚。對他來說，談戀愛的對象和結婚的對象應該有所區別。

他認為戀愛是感性的，應該跟著感情走，不用太理性，甚至可以相當程度的任性，年齡、職業、學歷都不是問題，重在談情說愛，享受甜美的感覺，如果太過理性，考慮太多，戀愛就不浪漫也不美了。

但是，說到結婚，對象就要謹慎考慮了，畢竟愛情不能當飯吃，也不是人生的全部，更何況結婚不單是兩人的結合，而是影響兩個家族的事，所以除了感情之外，還有許多條件要考慮。包括人生觀、價值觀、對家庭、子女及其他現實層面的基本態度、想法等，都需要理性地溝通和確認。

所以，他認為跟他學歷相同、價值觀相近、對家庭及子女的基本態度也相容的古登美才是最適合的結婚對象。

時到時當

辭去助教工作後，賴浩敏先到顏春和律師的事務所當學徒，學習實務經驗。過了一段時間，他決定獨立開業。

因為沒有錢租辦公室，他就以準岳父古先生家不到五坪大的客廳、客廳裡的一張書桌、半套半舊不新的簡單沙發、加上離客廳幾步遠的一支電話作為事務所辦公室，展開了他的創業生涯。

一年後，賴浩敏覺得該是成家的時候了，就和古登美商量。古登美也願意和他同甘共苦，兩人決定結婚。至於結婚的一切費用，只好暫時借貸。

很多親友對他們倆這個決定都覺得不可思議，兩人都還相當年輕，經濟也不穩定，所以紛紛勸他們晚一點再成婚。

尤其是賴浩敏的姊夫講得更直接：「你又沒有經濟基礎，結什麼婚？」姊夫家是苗栗的邱內科，家境富裕不在話下，所以他無法想像沒有錢的生活，更不能相信一個窮小子也能成家立業。

然而，賴浩敏仍然秉持著「時到時當」的觀念，覺得該結婚的時候就要結，沒錢就去借，以後再慢慢還。

況且，怎麼樣才叫做「有經濟基礎」？要賺多少錢才夠？如果堅持一定要賺到自己滿意的金額才敢結婚的話，那大概一輩子都沒有勇氣結婚了。

剛結婚的時候，他們在偏僻的郊區租了一間舊房子，賴浩敏的兩個弟弟那時一個讀政大，一個讀建中，兩人學費及生活費均要負擔，所以夫妻兩人只能省吃儉用，以維持家用。

開業之後，雖然賴浩敏比較喜歡《刑事法》，為了維持律師事務所，無論是民事、刑事、商事或商標案件，他通通都接，常常往來台北、新竹法院開庭。夫妻兩人原本也像很多新婚夫妻一樣，打算先避孕不要太快生小孩。但是，某日他們到「七賢」的一位徐同學家作客，看到他的女兒漂亮又可愛，賴浩敏忍不住說：「唉呀，好可愛，我們也來生個孩子吧。」於是他們立刻改變計畫，開始準備生

①② 1964 年 4 月 11 日結婚時留影。
③④ 婚後蜜月同遊花蓮時留影。

①	②
③	④

一路走來總是秉持母親「時到時當」信念的賴浩敏，在台大法律系擔任助教期間，與學妹古登美相戀。此後兩人頂著經濟與生計壓力共結連理，成為彼此一生中最重要的伴侶。

婚後兩人愛的結晶：賴浩敏與妻子古登美兩人在婚後第二年生下了大女兒，更加豐富了小倆口的家庭生活。

初掛牌獨立執業，賴浩敏（左五）與眾親友攝於台北市仁愛路第一個個人事務所前。

小孩，而且效率非常高，第二年長女就出生了。

律師事務所的業務非常繁忙，加上賴浩敏獨自開業，所有的案件都要獨力承擔，必須台北、新竹兩地跑。有時候早上和下午都要開庭，常常早上開庭回來十一點多將近十二點，客人已經在辦公室等候，連午餐都來不及吃就得接待客人。

下午開完庭，也是趕著在下班以前把握時間會客，再回家吃飯，吃過晚飯洗過澡，就開始寫訴狀，起訴狀、上訴狀、理由狀、答辯狀，全部都在這段時間完成。有時他甚至忙到必須在往來台北、新竹的火車上寫，身上隨時帶著狀紙，利用一個多小時的車程，用鋼筆（墨水管可替換的那種，當時叫做萬年筆）在火車上寫訴狀。雖說火車有點顛簸，但他也沒得選擇。寫完也差不多到了下車的時間，到法院之後再去律師公會休息室用影印機影印繕本，再整理一下就直接遞狀，總之，是一刻都不得閒。

這樣長期訓練下來，賴浩敏練成了訴狀寫完就可以立刻交出去，完全不用修改的功夫，也練出了一手工整的筆跡。

雖然年紀輕、資歷淺，憑著他的實力，和真心為客戶著想的態度，賴浩敏很快就得到極高的評價，業績也蒸蒸日上。甚至在他開庭辯論結束後，走出法庭時還會有許多人追在後面要求他：「律師，給我你的名片，我的案件想委託你。」因為他是苗栗人，所以案件來源以新竹、桃園地區為大宗，於是他在一九六四年底搬到新竹，所得增加更快，不但還清了結婚的債務，也開始穩定儲蓄，存摺數字慢慢爬升。

到了一九六六年初，他每個月的收入幾乎達到在新竹執業數十年的前輩名律師的水準，存款也已超過十萬以上，可說已經上了軌道。事業家庭兩得意，照理可以一生平平順順地走下去，誰知妻子古登美為他做了別的安排，讓他的人生再次變換了軌道。

全新的挑戰

古登美私下為賴浩敏報名日本文部省的公費留學考試，考試日期是星期天，而且到了考前一個星期才告訴他：「記得禮拜天你要考試哦。」

賴浩敏聽到後有些吃驚，問：「為什麼不先商量？」古登美說：「因為你嘴巴硬，明明還想讀書卻不承認。既然是讀書的好料子，也有意願讀書，應該再深造。」

賴浩敏說：「無所謂啊，我都已經念到台大畢業，法律也讀得不錯，這樣就夠了。況且當律師也不需要太高深的學問，只要把法律讀通就好。妳看，我現在賺的錢已經跟執業一、二十年，甚至日據時代做到現在的律師收入一樣了。」

古登美說：「你這麼年輕就達到這個高峰，不是好事，這樣你就會滿足，不會再進取了。」

這番話說服了賴浩敏，到了星期天他就和古登美一起上台北。然而，到台北之後，他又想打退堂鼓。

賴浩敏在日本撤離台灣的時候只有六歲，完全沒受過日本教育，頂多有時候父親把他託給附近的幼稚園照顧時學到了一點童言童語的日語。除此之外，他只是在台大第二外國語選修過日文，並且私下靠著興趣自習，只能說是業餘的程度。

而跟他同時考試的人有許水德，以及幾個與許水德同年的人。他們大賴浩敏八歲，受過日本教育直到小學畢業，甚至讀到高等科，等於從小講日文長大。賴浩敏覺得跟這些人競爭簡直是開玩笑。

所以，他轉頭對古登美提議：「算了，我們去看電影，不要考了。」

但是，古登美當場否決。

「不行，報名費很貴，不能浪費，你就試試看嘛！」

最後，賴浩敏還是去了考場。結果，那次的考試特別嚴格，在第一關教育部的考試中，普通科目居然考中外史地，範圍非常廣；共同科目除了前述中外史地之外，還有國父遺教、國文以及專門科目，法政組可以選考政治學或經濟學，賴浩敏選了政治學。當然，還有不可或缺的日文，要考筆試和口試。

在這麼嚴苛的情況之下，賴浩敏得了第一名。

對這個結果，賴浩敏當然很意外，不過畢竟比較成熟了，他這次並沒有像考上建中那樣高興得跳起來。

那次獎學金考試，教育部錄取了二十五名，但日本文部省只收十二名，而且已經是歷年最高的名額了。因此，這二十五名錄取者還要再接受文部省的考試，由當時的日本大使館代理文部省主辦考試，全世界同一試題，考試科目只有一科：日文（筆試及口試）。

口試的時候，為賴浩敏口試的主試委員崛井書記官（一等祕書）非常驚訝。

「賴先生，你還這麼年輕，怎麼會講這麼流利的日文？是在哪裡學的？」

賴浩敏回答：「我是自學的。」

日本文部省的考試，他又得了第一名。

除了「一遍半」的讀書方法再次獲得驗證，有如沈復說的「見渺小微物，必細察其紋理……故時有物外之趣」，賴浩敏也常說「世事洞明皆學問，落花流水亦文章」，生活中的他其實無時無刻不在學習。

例如：他很愛看日本時代劇《暴坊將軍》，時代劇的日文都比較深，比較難懂，他一聽到不懂的對話，通常立刻查字典，而且一定要查到滿意的答案為止，否則就睡不著。直到現在，他的辦公室裡仍然放著字典，以便隨時翻閱。而有了智慧型手機之後，更是左手翻字典，右手上網查閱相關解釋，常常因此得到比預期更廣泛的知識。

自動自發、追根究柢的精神，也讓他在考試的時候無往不利。

令人刮目相看的日本

得到了獎學金，賴浩敏留下母親、妻子、才四個月大的女兒、兩個弟弟，以及十三萬餘元的積蓄作為家人的生活費，在一九六六年四月十一日——結婚兩週年的紀念日，帶著家人的期待與祝福，獨自負笈日本。雖然難免有些不捨，他仍然抱持一貫的隨緣精神，勇往直前。

雖然在日治時代出生，賴浩敏對日本其實並沒有什麼特別的好感。反而因為小時候住在學校附近，有時會跑去看青年團，看到日本人對台灣青年團的團員拳打腳踢，覺得非常野蠻粗暴。雖說那時年紀還小，又身為副校長的兒子，偶爾也會和日本校長的兒女一起玩，不過也沒有建立什麼特別的感情。

嚴格說來，他對日本其實是有一點惡感的，畢竟當時的暴力畫面一直

1966年賴浩敏留日初期獨照（攝於東京大學赤門）。

①賴浩敏在日本第二年，妻子古登美以研究學人身分前往東大留學。
②於東京大學中央圖書館前。
③於東京留學生會館前。

②｜①
③

留在腦海中，印象太深刻。

上大學之後，因為同為大陸法系，台灣很多法律都是引用自日本，他多少也讀了一些日本的法學書籍，感覺比讀英文的文獻有收穫，所以他修了日文，純粹是基於求學的立場。

實際到了日本生活之後，賴浩敏對日本印象有了一百八十度的轉變。

雖然拿到獎學金，他還不能立刻入學，只能先以研究生（旁聽生）的身分上課，等下學期再參加入學考試。在日本的課堂上，他的第一個感覺就是日本人都非常親切、很有禮貌。雖然有人說那是「有禮無體」，是表面功夫、虛情假意，但就算是假的，給人的感受還是很好。

此外，日本人很守秩序。當時日本的大眾捷運比台灣的更擁擠，但他們搭車的時候仍然很有秩序地排隊，不會爭先恐後。就算一大群人都走得很快，也仍然有條有理。

印象最深的一次，是某天晚上在東大附近，他正要過馬路的時候，看見兩三個日本人站在路口不動，路上沒有車子，但他們還是沒有過馬路，只是一直站在那裡，直到人行道的綠燈亮了他們才過去，這樣的守法精神實在讓人佩服。

此外，在他留日的第三年，古登美也留職停薪去東京進修，夫妻兩人住在一間公寓裡。出門的時候看到日本鄰居在打掃屋外的馬路，不但掃自己家門口，旁邊鄰居門口的部分也掃，完全沒有自掃門前雪的心態。

日本的禮數還不僅止於此。停車的時候如果只有一個車位，駕駛們不是爭先恐後地搶位子，而是彼此禮讓：「你請、你請。」這件事也給賴浩敏深刻的印象，因為如果是在台灣，駕駛不但會搶車位，甚至可能會大打出手。

最重要的一點，當時的日本社會風氣比較自由，政治味比較淡。雖說日本不久前也曾因為《美日安保條約》引發學運暴動，甚至還有女學生死亡，氣氛卻不像台灣那麼肅殺。賴浩敏剛到日本的時候，日本連共產黨都已經合法了。這讓不久前才見識過白色恐怖的賴浩敏覺得很放鬆自在，就算學運造成騷動，那也足以證明日本的自由風氣。

不過，他對日本人的生活方式也有不完全認同的地方。他們什麼事情都分得很清楚，例如朋友聚餐，費用照人數比例各自分擔，他們叫做「割り勘」，同行的女朋友也要自己付錢。當然，習俗的形成有自身的社會背景，而且大家都有共識，倒也無可厚非，但從國際社會上尊重女性的禮儀、華人重人情味的層面來看，則未必完全適合，容有可議之處。

出國留學，不但讓賴浩敏見識了日本的長處，也再次確認了台灣民族性的優點，確實很值得。

日本刑事法學的震撼教育

當了半年的研究生之後，賴浩敏通過了東京大學嚴格的入學考試，開始修習刑事法碩士課程。當時有數百名留學生參加東京大學大學院法學政治學研究科的入學考試，只有他一人錄取。他主修《刑事程序法》、刑事政策並兼修憲法基本人權。

他的指導教授平野龍一曾經問過他：「一般法律人多半不想接刑事案件，你為什麼要主修《刑事法》呢？」

賴浩敏回答：「人類社會之所以發生問題，是因為人性有弱點和黑暗面。辦刑事案件有更多機會深入瞭解人性的黑暗面，然後試著幫助社會避免黑暗面帶來的傷害。」

進了大學院，賴浩敏深深體會到日本的學術自由。不同的老師當然有不同的教學特色，但有一個共通點：他們的教學一定是啟發式的，不是直接把概念塞給學生，而是讓學生主動學習，老師只從旁提醒一些重要的點。就像是把知識寶庫鑰匙交給學生，讓他們自己去打開，打開了以後，要多少寶物也是自己拿。

上課主要是案例研究（Case Study），雖然是留日，但常常研究美國法院的案例。對於案件的原文裁判書，通常會要學生分配章節輪流報告，除了報告案件確實的

賴浩敏與妻子古登美到機場歡迎東大指導教授平野龍一（中）訪台。

內容，也要報告個人的見解，最後才是教授開口指點，什麼問題應該如何怎麼思考。而在分配章節時，常常別的同學只負責五、六頁，平野教授卻會毫不客氣地對賴浩敏說：「賴君，六十ページ，問題ないでしょう（賴君，你六十頁，沒問題吧）。」東大大學院（研究所）入學考試的語文科目只考「英翻日、日翻英」，賴浩敏的英文優勢在這裡被發現，讓教授格外賞識他。

對賴浩敏而言，一個對他影響最深的觀念就是在這個時候養成的。

刑事訴訟和民事訴訟的不同，在於民事是採取形式真實主義，刑事則是實質真實主義。民事案件的事實只要當事人同意不爭執就可以認定，無論到底是不是真正的事實。但刑事案件從犯罪的追查到定讞都是採實質真實主義，一定要追究到真相。

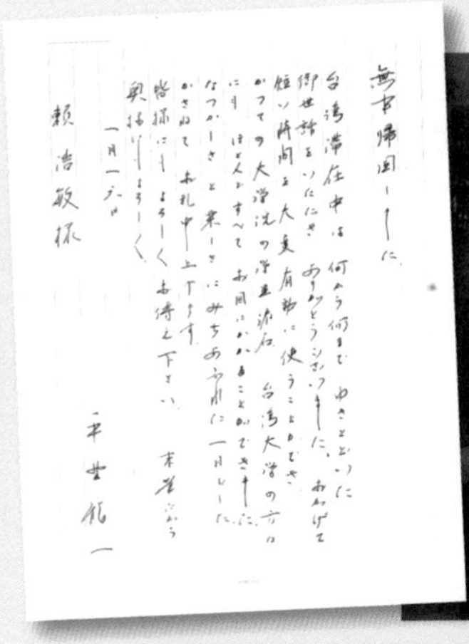

賴浩敏在東大的指導教授平野龍一（右圖中）某次出差羅馬，向賴浩敏表示自己將會過境台灣一日，賴浩敏聞訊立刻展開聯繫，協助相關安排，包括帶教授參訪故宮及自己的萬國法律事務所等等。平野教授非常感動，回到日本後立刻來信感謝這趟充實且愉快的旅程（左），可見師生倆情誼深厚。

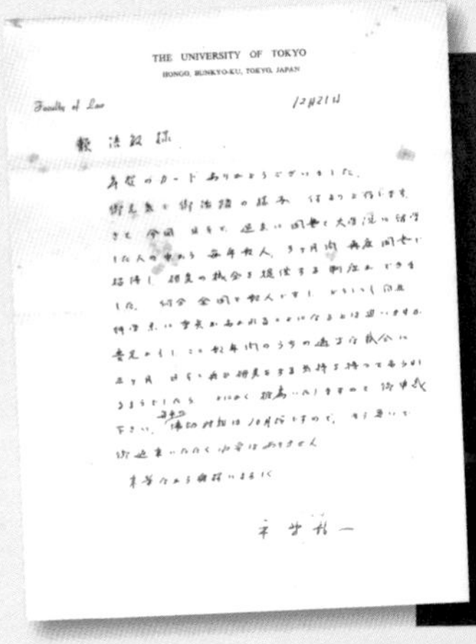

（右）賴浩敏如有機會訪日，必定返母校東京大學拜訪恩師平野龍一教授（攝於平野教授辦公室）。（左）平野教授得知交流協會有經費招待過去的國費留學生再度訪日研究時，主動寫信通知賴浩敏，表示自己可以推薦。由此可見平野教授對賴浩敏的欣賞與喜愛。

賴浩敏一直很困惑：刑事案件一方面強調說追求實質真實，另一方面又要遵守嚴謹的訴訟程序，綁手綁腳，怎麼有辦法發現真實呢？

他向平野教授提出他的疑問，教授回答：「刑事訴訟所要的真實是透過正當的法律程序（due process of law），所獲得的真相。」也就是說，《刑事訴訟法》的實質真實不是一般所謂的事實上的真實。光是真相還不夠，要透過正當法律程序取得的真相才是《刑事訴訟法》的真相。也就是說，非法取得的證據就算是真的，也不能當證據。

賴浩敏在日本看到一個案件——八海事件，感受很深。那是發生在廣島的殺人案件，有五、六個被告涉嫌共同殺人。從廣島地方法院到高等法院都判死刑，但最高法院認為不妥，將案件發回，而廣島高等法院堅持原判，同樣判死刑。結果不斷地發回、死刑，發回、死刑，來來回回好幾次，被告都已經關了十七年，案件還是沒有定讞。

後來最高法院認為再發回沒用，直接自為判決，撤銷原判決，判被告無罪。然後發表一個聲明，說此一案判無罪並不表示被告們沒有殺人，而是就這個案子所顯示的證據，沒有辦法充分證明他們殺人。從某個角度看好像有殺人，但從另一個角度看又覺得有點問題。換句話說，警方所搜集的證據，縱使有某種程度的證明力可以證明犯罪事實，但這個證明力還有合理懷疑的空間，這個情形下以法院的立場不能判有罪，只能判無罪。

也就是說，如果沒有依照正當法律程序找到足以充分證明犯罪事實的證據，換言之，不論從任何角度看都有犯罪事實，且達到不容合理懷疑的程度，法院就不能判有罪。「日本的最高法院敢發這樣的聲明，確實非常有勇氣。」

賴浩敏一生都信奉這個觀念，甚至認為這觀念應該要支配整個刑事訴訟界。

一言以蔽之，賴浩敏在日本求學，真正學到的是思維的方法，這和在台大的經驗完全不同。

台大的教育講究傳道授業，而授業的方式很傳統，就是老師把他知道的種種概念，例如「何謂殺人」、「何謂侵佔」等等概念單向地灌輸給學生。學生能做的頂多是把概念跟概念連結起來，有時候還連得不大好，只有比較優秀的學生能夠把概念跟概念之間融會貫通並體系化。

然而，賴浩敏認為，讀法律不是懂概念就好，而是要讀通，讀《民法》時就要聯想到跟《憲法》、刑事、行政、其他法律的關聯，要加以融會貫通、體系化。尤其是律師和法官從事實務工作，概念不能含糊，體系要完整、要清晰。

更糟糕的是，很多法律系學生都在背法條，背完就套公式，把案件套進類似的模式去判案。然而，社會瞬息萬變，法律所規定的條文是有限的，條文所構成的模式也是有限的，不可能適用所有的案件。如果法官沒有把法律讀通的話，做

無論是日本文化上值得學習的優點，或是東大刑事法學課堂上的震撼教育，這些日本留學的經歷都對賴浩敏產生了深刻的影響。圖為賴浩敏訪問東大時攝於安田講堂前。在賴浩敏於此畢業的多年後，曾為了整修這座文化古蹟殿堂而捐款，足見此處對他的意義所在。

出來的判決會不符法律的精神。

總而言之，日本留學三年，除了法學知識之外，賴浩敏覺得他還學到了立身處世的態度。對人要親切有禮，要能夠包容。雖說他那時已經是出社會當律師的成年人，但因為放開心胸認真學習，在無形中，他的人格型塑方面也受到修正，收穫非常大。

率性的論文，紮實的成績

轉眼到了提交碩士論文的時刻，一般來自台灣的東大留學生都是一邊寫，一邊請日本同學修改，等寫完整理好了，再花昂貴的費用去打字。但賴浩敏不改他一貫的瀟灑作風，靠著當年在火車上寫訴狀練出來的工整字體，直接將自己的論文手寫在稿紙上，從本文到註解，全部一手包辦。

那時古登美也辦理留職停薪在日本進修，賴浩敏本來打算讓她幫忙把論文再謄寫一遍，因為她的筆跡更工整美觀，但後來發現沒有時間，他就直接把自己的手寫稿交了出去，完全沒有請專人潤飾及打字。

雖然如此率性，賴浩敏仍然取得了優秀的成績，得到師長們的一致讚揚。

賴浩敏回憶起這段過往時說：「意外的是，團藤老師先看過之後，對我說：

『日文很好，論述正確，理路通順。』我聽了感到很不好意思。」

指導教授平野龍一以及曾任皇太子、天皇太傅之最高裁判所法官團藤重光，還有文部省獎學金課柳川課長，都極力勸說賴浩敏，建議他繼續修習博士課程。

平野教授甚至說：「如果認為在東大讀三年就夠了的話，我可以推薦你到與東大法學部有姊妹學院關係的美國密西根大學法律學院讀博士課程。他們那裡有一名全額獎學金的名額，原本只提供給日本學生的，我可以破例推薦你去。」

得到這樣的賞識和支持，賴浩敏非常感激，卻也很為難。因為他出國時留給家人的十幾萬存款已經用完，而且已經開始負債，經濟上無法承擔。

所以，他只好回答：「謝謝教授，但家鄉的老母希望我回國，實在是母命難違。」

聽到是母親的命令，教授也不好再勸說，只好非常遺憾地放他離開。

於是，賴浩敏帶著淡淡的遺憾和豐富的收穫回到台灣，再度展開生涯的新章。

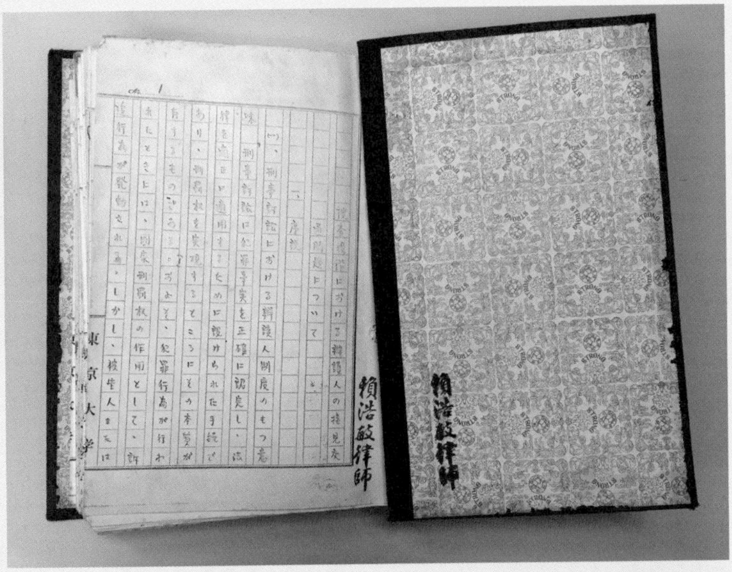

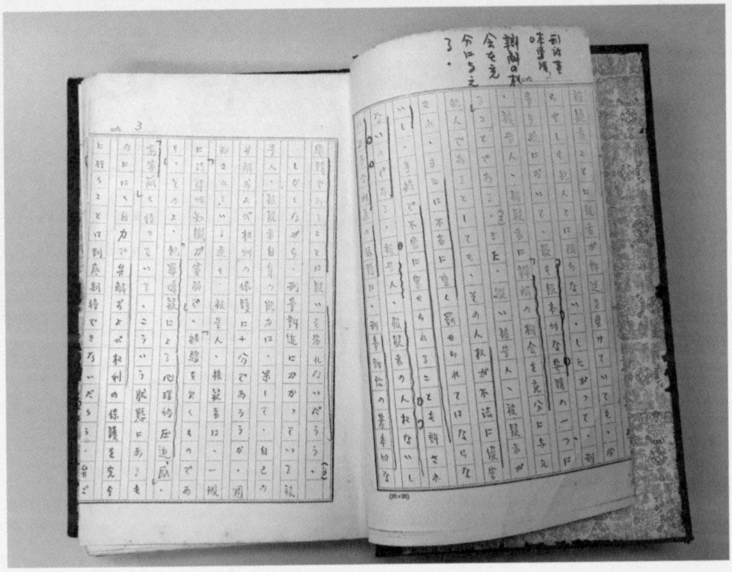

賴浩敏靠著當年在火車上寫訴狀練出來的工整字體，直接將自己的論文手寫在稿紙上，從本文到註解，全部一手包辦。寫完後的賴浩敏，率性地直接將手寫稿交出去。

Chapter

3

理念的結合：萬國法律事務所三十五年

「你們這個事務所恐怕撐不過一年。」

一九七〇年代的台灣，已經有數個大型的合夥律師事務所，但台灣本地律師仍舊習慣獨立執業，稱不上真正的合作。當黃柏夫、范光群、陳傳岳、賴浩敏四位志同道合的法律人，合夥創辦「萬國法律事務所」時，法界人士大多不看好。

四十多年過去，「萬國法律事務所」依然屹立不搖，且成為台灣本土合夥律師事務所的歷史標竿。

1974 年，四位志同道合的法律人合夥創立「萬國法律事務所」，揭開台灣合夥律師事務所的傳奇扉頁（左起：陳傳岳、范光群、黃柏夫、賴浩敏）。

做對的事

在某次律師公會主辦的新進律師訓練座談會上，賴浩敏和其他幾位律師一起受邀演講，與剛考上高考的律師們分享執業應有的態度。

其中某位律師告訴這些新鮮人：「你們不需要為了當事人拚死拚活，反正他們又不是你的父母，幹嘛為他們那麼辛苦？」

輪到賴浩敏發言時，他的說法完全不同。他說：「你們應該要把當事人的事情當成自己的事情，自己的事情怎麼處理，當事人的事情就該怎麼處理，這樣當事人才會信賴你們。當事人把自己的生命、財產和自由託付給你們，怎麼可以不盡力呢？一個律師的風評，必須要靠著平日累積當事人的信任建立起來。當事人可以由你們的談吐、態度，感受你們是不是真誠，這是裝不來的。」

這正是賴浩敏一貫的理念。他認為身為律師最重要的是兩個資格：第一當然就是實力，包括法學素養和個人品德。法律要讀通，品格要端正。第二就是態度，也就是他不斷強調的「做什麼，像什麼」，把當事人的事情當成自己的事情，認真用心去處理的態度。

從日本回國後，賴浩敏家中已經開始負債，他甚至沒有房子住。之前的客戶也幾乎都換了別的律師，等於是一切從頭開始。幸好他的同學也是連襟的范光群那時在當法官，住在法官宿舍裡，賴浩敏一家先暫住在他家，重新執業。後來在永和預購一間二十三坪的小公寓，事務所則是由震旦集團創辦人陳永泰幫忙在台北市重慶南路一段其公司樓上租了一間小辦公室，且代為預付一年份的租金而來。

而他的資本，就只有在日本深造後得到的高水準的日語能力與豐富學識，以及為了當事人盡心盡力的態度。

也因為他的理念，讓他和司法系統展開了好幾場戰鬥。

（一）將審判長一狀告進律師公會

賴浩敏槓上司法系統的其中一個案例和審判法官的權限有關。案件的當事人是一位很窮困的拖板車工人，他欠了別人錢，但民事的請求權時效已經過了，債主就改成用刑事訴訟告他詐欺，打算以此逼他還錢。

這位當事人每次出庭，法官就會恐嚇他：「你還錢了沒？如果一次還不清的話就分次還。否則我就把你押起來！」

這位法官相當資深，而且即將升任高等法院，卻如此濫用權力。被告沒錢請律師，被逼得走投無路，幸好那時有人把賴浩敏介紹給他，賴浩敏接下了這個案子。

那時賴浩敏才剛從日本回來，法官看他年紀輕，又穿著夾克出庭，根本不把他放在眼裡，開庭時又恐嚇被告：「快點還錢，不然就把你押起來！」

賴浩敏原本還忍著沒說話，但法官又繼續說：「你不要以為請了律師就可以判無罪。」

這話已經明白侵害到律師的尊嚴，賴浩敏再也無法忍受，起身說：「報告審判長，剛才那段話請書記官記錄下來。如果書記官沒聽清楚，我可以再重複一遍——剛剛審判長說：『被告你還錢了沒有？如果沒還我要把你押起來，如果一次還不清的話可以分次還，你不要以為你請了律師就會判無罪。』請記起來。」因為那時沒有錄音機，必須用這種方法確保書記官有記錄。

那位法官非常生氣，一個年輕律師居然敢在法庭上挑戰他。他立刻反駁賴浩敏：「我不是講你啦，我講民事的案子。」

賴浩敏回答：「報告審判長，您有聽過民事的案子在判有罪無罪嗎？我從來沒聽過。任何稍微讀過一點法律的人都知道，民事的案子沒有什麼有罪無罪，你剛剛講的是：『你不要以為請了律師就會判無罪。』這是民事的案子嗎？當事人的刑事案件只有這一件，請你把講出來的話記在筆錄上，為自己的言語負責。」

法官氣壞了，大聲說：「你出去！」

賴浩敏回答：「審判長，我為什麼要出去？這裡也請書記官記錄：『審判長命令律師：你出去！』這個也請一起記好。如果審判長認為我合乎禁止辯護的條件，請記明理由，並且裁定禁止我辯護，我才會走。」

法官當然沒有理由可以禁止他辯護，只能說：「本席是審判長。」

賴浩敏說：「審判長沒有這種權限，要走也是我自己走。」

法官氣得臉色發青，說：「改期啦！」

改期確實是審判長的權限，所以賴浩敏說：「好，我走，不過這事還沒完。」

走出法庭後，賴浩敏就把事件經過寫下來，一狀告進律師公會。

那時沒有幾個律師敢和司法官正面衝突，所以公會對這個案件很重視，他們組了調查團，詢問了當時在場的人士，然後發函給高等法院，聲明那位法官不適任，要求高等法院處理。

高等法院詢問了書記官和通譯等人，但那些人偏袒法官，每個人都說沒這回事，是賴浩敏編造的。

賴浩敏決定不讓他們隻手遮天，親自前往高等法院見院長，對他說：「院長，你也當過律師，做律師的人靠走法院吃飯，你以為我做律師笨到會搬石頭砸自己的腳，把飯碗砸爛嗎？」

院長無言以對。

在申訴程序進行當中，法官也不斷地搞小動作。先是請了一位許律師來恐嚇賴浩敏，指控他惡整法官，揚言要聯合其他同事對付他。

賴浩敏回答：「許大律師你跟他講，我如果怕他整我，就不會做這種事情，我敢做這件事情，就不怕他整。更何況我跟他前世無冤、後世無仇，沒有什麼整不整的問題。」

法官看到傳話無效，更變本加厲，揚言他是調查局出身，要聯合調查局掀賴浩敏的底。然而，賴浩敏一生清白做人，同樣不怕他掀底，只是回答他：「放馬過來。」

最後那位法官怕事情鬧大，只好讓步，請了幾位賴浩敏認識的律師說情，又設宴請他吃飯。

在席間，賴浩敏也表明了立場：「我跟你無冤無仇，可以接受你的道歉，但我不知道律師公會要怎麼做，也沒辦法干涉。」

高等法院原本決定把那位法官調任民事庭，但民事庭仍可以處理審判業務，而這人明顯不適任審判工作，因此律師公會反對。但是，那時還沒有法官評鑑，無法淘汰不適任法官，最後那位法官被調去法官訓練所當指導員。

這是賴浩敏和司法官衝突最激烈的一次，卻不是唯一一次。

（二）為當事人的權益據理力爭，不怕法官後台硬

另外一個案件的法官是一位女法官，她父親是檢察總長，背景相當雄厚。那是一件請求返還房屋跟積欠租金的民事案件，賴浩敏代表原告。法官一開庭就對被告說：「被告，你要不要主張原告的租金超過法定租金？」賴浩敏立刻起身抗議：「審判長，妳剛才發言不當，那些話已經超過妳的闡明權的範圍了。」

法官自然無法反駁，她原本就不該幫被告下指導棋。但她還有花招，說：「不管，我們再去勘驗，重新鑑價，去查這個房屋租金有沒有超過法定租金，原告要繳勘驗出差費用。」

事實上，在開庭前已經去過現場勘驗了，地政事務所也派人去了，根本沒有理由再度勘驗。

於是，賴浩敏說：「報告審判長，我不會繳出差費。第一個，剛剛審判長闡明權已經超過妳的權限；第二個，現場明明已經去過一次，妳現在再去，目的是要證明我們請求的租金超過法定租金，這是對原告不利的舉證，卻要原告負擔費用，這樣合理嗎？我身為律師，如果交錢讓妳出差，無異要我對我當事人不利的事項舉證，我會讓天下人笑死，而且也違背我職務。」

她說：「這是我的裁定。」

賴浩敏說：「我知道，但我不去。」

等到勘驗當天，賴浩敏去開別的庭，那位法官找人催他去勘驗，賴浩敏一口回絕。後來法官就通知他去法官辦公室，賴浩敏也不好對法官太失禮，他就去了辦公室見她。

法官問：「賴律師你真的不去嗎？」

賴浩敏堅決回答：「我真的不去。」

她說：「你這樣做對嗎？」

賴浩敏回答：「對不對自有公道，要不要去我決定，不去的後果怎麼樣妳決定。」到此徹底攤牌。

這就是賴浩敏執業的一貫原則：為當事人的權益據理力爭，不管對方有多硬的後台背景，絕不退縮。

最後法官還是沒判他敗訴，卻對另一位女庭長抱怨：「那個小子很可惡！」然而，那位庭長回答：「不會呀，他還滿彬彬有禮的。」

可見賴浩敏的人品已經得到了法界普遍的肯定，不會被幾句中傷影響。

事實上，大部分的法官對賴浩敏的印象都相當好。除了他正直的處世態度之外，他的專業能力也得到許多法官的欣賞。

有些律師雖然學識淵博，卻口才不佳，在法庭陳述時長篇大論又沒重點，讓法官聽得很不耐煩，嚴重的時候甚至會聽到快睡著。有些法官為了節省時間，就會直接要求律師：「好了，你別講了，我看你的訴狀就好。」

賴浩敏從來沒有受過這種待遇。他陳述簡潔，重點清晰，並且條理分明，簡明易懂。大部分的案件，他都可以在十分鐘以內就把案件的問題點全部講述完畢，就算是最複雜的案件也不會超過二十分鐘。

因此，法官總是讓他暢所欲言，甚至還有人說：「賴律師陳述的時候沒有法官會不認真聽的。」

當法官認真聽律師陳述的時候，當事人自然能得到較好的審判品質。

不但如此，甚至還有法官介紹案件給他。那個年代，法官都很忌諱轉介案件給律師，以免被人議論法官和律師勾結。但還是有位法官找上賴浩敏，對他說：「我有一位親戚有官司，我自己不能幫他辦，但如果交給你的話，我就可以放心了。」

得到這樣的信任，賴浩敏自然是接下了案子，全力以赴。

陳年冤案昭雪

在獨自執業期間，賴浩敏處理過很多難忘的案件。

其中一件大案件，當事人是賴浩敏姨丈的遠親，在苗栗泰安鄉司馬限部落的派出所當主管。

這位主管涉嫌勾結哥哥一起殺死他太太，被檢察官起訴，第一審被判死刑。那時賴浩敏還是學生，姨丈來找他幫忙，賴浩敏就請教他法制史的陳顧遠老師來擔任辯護律師。

陳顧遠律師接手後，刑責由死刑改為無期徒刑，當事人不服又上訴，來回纏訟多年。直到賴浩敏從日本留學回來的時候還沒結案，刑期改成十五年徒刑，還在上訴中。

於是賴浩敏接手上訴工作，結果造成大轟動：改判無罪了。

那時台灣高等法院合議庭受命法官（承辦法官）李在琦工作非常認真，曾經去勘查現場，計算往來時間。勘查的結果，法官認為司馬限地區位於偏遠高山，交通非常不方便，法官勘查時搭乘高底盤吉普車，仍然花費很多時間才能進入山區，還有一大段路程需要步行。起訴書中認定被告的哥哥從南投趕去苗栗協助犯案，但共犯只有普通的交通工具，幾乎無法上山，時間上應該是來不及，所以合議庭認為被告無罪。

從死刑到無期徒刑，到十五年徒刑，再到無罪，這中間的轉折讓各界都很驚訝。賴浩敏當然更高興，他剛從日本回來就得了一個大勝利。

他去向李在琦法官道謝，法官說：「憑良心講，我也不曉得判對了沒有，但證據就是這樣顯示，我只能照證據判。」

這個說法和賴浩敏在日本聽到的八海事件不謀而合，法官沒有辦法百分之百判斷被告是否有罪，但只要證據顯示有疑點，就必須判無罪。

在那時的台灣，司法官能有這樣的勇氣，實屬少見。

可惜的是，檢察官對判決不服，再度提起上訴，並且強調被告曾經自白犯案，這次的法庭採信了自白，改判十二年徒刑定讞。

案件變成這樣，賴浩敏相當難過，他相信當事人是無罪的。一來李在琦法官已經證實時間上不可能犯案，二來被告聲稱自白書是在苗栗縣警察局刑事警察組主任的辦公室後面，在小房間裡被灌水刑求，不得不寫下的，法院卻不採信。

他也曾經問過當事人：「你自己也是警察，還是派出所主管，他們怎麼會刑求你？」

當事人百口莫辯，滿臉無奈。

後來賴浩敏聽說，苗栗縣警察局刑事組裡真的有一個用途不明的房間，更加相信當事人無辜。

但是，法官卻沒有去調查到底有沒有刑求，直接採用自白判被告有罪。因為調查刑求會牽連很多人，一旦證實，從刑事組，甚至於警察局長都會被法辦，所以很多法官不願意承擔這種責任。

只能說，可惜台灣沒有更多像李在琦這樣的好法官。

做什麼像什麼

不能幫客戶洗刷冤屈當然很難過，反過來說，每當賴浩敏順利幫助客戶脫離困境，那樣的成就感帶來的快樂，有時甚至勝過金錢上的報酬。

（一）我當事人真的是連一天都不能坐牢

他的某一位客戶是台電桃園區處的總務科長，姓吳，被控買賣土地收受賄賂，而他屬下一位姓詹的股長，以及股長的妻子許女士被列為共犯。事發之後詹股長捲款潛逃跑去日本，後來移民到加拿大，丟下妻子和兩個小孩。

賴浩敏原先為吳科長辯護，新竹地院判他無罪，後來檢察官上訴也還是無罪。

然而，被丈夫獨自留在台灣的許女士卻被判了八年。許女士想要上訴，但因為沒有錢了，原本的律師不肯再為她辯護，求助無門之際，聽聞賴浩敏是一位肯行俠仗義的好律師，所以來拜託賴浩敏，看能不能義務幫她辯護。

賴浩敏接下了案子，完全免費，連開庭的車費都自掏腰包。前後辦了四年，不斷上訴，最後刑期減到十個月，賴浩敏卻還是不能接受。

法官說：「賴律師，可以了吧？從八年都減到只剩下十個月了，你還要上訴嗎？」

賴浩敏回答：「審判長，不是我貪心，事實上，我當事人真的是連一天都不能坐牢。她有年老的婆婆要照顧，有兩個兒子要帶，她一旦去坐牢，他們三個怎麼辦？如果能讓她緩刑的話，我就勸她不再上訴。」

賴浩敏辦案從來不向法官求情，要求緩刑，這一次是例外。

最後法官接受了他的要求，許女士擺脫了牢獄之災。

後來她們母子三人要離開台灣，移民加拿大依附丈夫，離台前向賴浩敏辭行。為了感謝賴浩敏，許女士雖然很窮困，仍然買了一片約兩錢的金箔，在金箔上手刻「恩人紀念」，送給賴浩敏。

這金箔很薄，沒有什麼金錢上的價值，賴浩敏仍然為許女士的心意深深感動，小心珍藏著這片金箔。

許女士表示感念之意的手刻「恩人紀念」金箔。

許女士移民到加拿大後，仍然和賴浩敏保持聯絡。後來賴浩敏的女兒夫妻到美國密西根大學留學期間懷孕、生子，賴浩敏打電話拜託許女士說女兒做月子需要幫忙，她二話不說就從加拿大趕到密西根，陪賴浩敏的女兒做月子。

（二）羅列所有疑點，獲判無罪。

另一個案件，案主是賴浩敏的親戚。原來，他有一位表弟，被控業務上侵占，共同被告是一位稅捐處的黃女士，一審新竹地院判有罪。賴浩敏幫兩人辯護，上訴到最高法院又發回到高院。賴浩敏把案件所有疑點都整理出來，上呈給高院，結果兩人都改判無罪。

後來那位表弟到中國做生意，把陶瓷藝術品賣到歐洲，賣得很好。而他常常說：「當年如果不是nono哥的話，我不會有今天。」如果判有罪，他不但會丟工作，連退休金也沒有了，當然也不會有那麼好的發展，所以表弟非常感謝，每年都會送禮給賴浩敏，一送就是一大箱洋酒、茶葉等。

（三）為客戶保全權利和財產

除了刑事案件外，賴浩敏辦理民事案件也頗有成效。某位客戶的丈夫和兄弟合開了一間化工公司，生意興隆，但因為客戶的丈夫先過世，夫家的幾個兄弟就想搶走她亡夫的股份，多虧賴浩敏幫忙把她亡夫大部分的股份討回，保全了她的財產。

客戶當然非常感激，說「賴律師是她一輩子的恩人」，從此她每年都會親自送禮給賴浩敏，從未間斷。

對賴浩敏而言，比起洋酒或禮物，最重要的是，他證明自己始終遵循著自己的信念：為當事人盡心盡力。

靠著實力和「做什麼像什麼」的原則，賴浩敏雖然年紀輕、沒有背景，卻在短短幾年內，得到許多客戶的信任，累積起良好的口碑和業績。從日本回國幾年之後，他還清了債務，事務所業務蒸蒸日上。

投入民間社團

除了穩定經濟狀況之外，賴浩敏最關心的一件事，就是律師的社會責任。身為律師，在行有餘力的時候就必須維護公益，這是他始終一貫的信念。

要維護公益，必須借助社團的力量，於是賴浩敏參加了台北律師公會和律師公會全國聯合會。他和幾位律師好友姚嘉文、張政雄、林義雄、陳繼盛等人十分積極地參與律師公會的活動，但公會當時的狀況卻讓他們很困擾。

（一）大陸理監事長年把持律師公會

那時還在戒嚴時期，政府對所有集會、結社活動都嚴格限制。然而，《律師法》第十一條規定：「律師非加入律師公會，不得執行職務。」因此，政府不得不依法准許成立律師公會，但政府又擔心律師公會的發展會威脅政權穩定，所以又在律師公會內安置國民黨團等單位，藉以監督控制公會。而來自大陸的理監事，完全沒改選，全數無限期留任，長年把持律師公會。

此外，為了避免律師結黨對抗政府，政府不允許公會出現領導人。無論是律師公會全國聯合會（簡稱全聯會），或是各地方律師公會章程，都沒有設置「理事長」一職，而是由常務理事輪流擔任理事會主席。可想而知，輪來輪去都是某一批人。

因此，律師公會內部也產生了黨派之爭。國民黨的老律師是執政派，而賴浩敏和其他沒有加入國民黨的年輕律師都被列為在野、反動派。兩派自然常常起衝突，有時還會發生很誇張的事件。

有一次，年輕的在野派律師對會議內容產生疑義，要求看會議紀錄，一位執政派且有國代身分的蔣姓老律師居然當場把會議紀錄撕下吞到肚子裡，以湮滅證據。

在這種艱難對立的狀況下，賴浩敏始終在公事上維持中立，不偏不倚，不袒護任何一方，因此兩派陣營也都能信任他。照理在野派的律師很難當選理事，但賴浩敏在一九七六年得到兩派的支持，當選了台北律師公會第十四屆的理事、常務理事。後來更當選了中華民國律師公會全國聯合會理事、常務理事。

雖說如此，在這種對立的氛圍下還是很難有所作為，賴浩敏和幾位年輕律師決定另尋出路，再成立一個社團。

（二）成立中國比較法學會

那個年代要成立社團很困難，但許多法界菁英包括施啟揚、丘宏達、陳繼盛、姚嘉文、賴浩敏，以及許多司法官，都認為有必要成立一個讓司法官、律師和法律學者一起切磋討論的團體。

因為那時台灣的法曹界「三界分立」的狀況很嚴重，司法官忙於辦案，很少繼續研究法律，而且礙於法律規定，也不能和律師私下往來，免得造成弊案。而律師則是忙著接案開庭，同樣沒時間研究。學者與教授以研究理論為主，對實務不甚瞭解，很容易淪於紙上談兵，也與社會脫節。所以「三界分立」成了「三界不通」，司法難以進步。

在賴浩敏和法曹界許多有志之士的努力之下，一九七〇年底以「法學之比較研究及法治之宏揚」為宗旨，成立了「中國比較法學會」。最初想取名「中國法學會」，卻因為這個名稱已經有別的團體使用而被內政部打回票，所以就加上「比較」二字。

之所以用「比較」，有它重要的意涵，因為台灣現代法律的概念與體系都是自外移入的。最初由於日本統治的關係，承襲了德法大陸體系，但隨著時代演進，英美法系的影響也不斷增加。有如此多元來源的影響，「比較法」成為法學研究的重要課題。「中國比較法學會」這名稱正宣示了學會與國際法學界接軌交流的宗旨。除此之外，中國比較法學會也效仿美國法曹協會（American Bar Association, ABA），參與資格不限定於律師，而是積極鼓勵其他法界人士參加。

一九九九年，學會終於獲得內政部同意更名為「台灣法學會」，是當時第一個獲准以「台灣」為名的全國性團體，但「比較法」的觀念仍然是學會的重要核心。

「中國比較法學會」的成立，是台灣法界的大事。在賴浩敏心中，這是台灣第一個比較健全、比較完整、比較能夠做事的法學會。當時其他的法律社團多半是達官顯貴組成，卻虛有其名，沒有什麼實質的貢獻。中國比較法學會的會員包括司法官、律師、法律學者以及政府部門的法務工作人員，大家都很投入。

法學會剛成立的時候，沒有設立理事長，而是由資深的前輩輪值擔任理事會主席，作為對外的代表人，而賴浩敏與其他年輕會員多半擔任幹事的工作。

到了一九七三年，法學會修改章程，開始設立理事長職位。到了第四任的時候，理事會曾徵詢賴浩敏有沒有意願競選理事長，他很堅定地婉拒了，只願意任常務理監事。

他一生淡泊名利，不願意和大家爭奪權位。不只是法學會，他參加任何組織都堅持不做「官」，如「會長」、「理事長」之類的職位他總是婉謝。他要的不是人人欣羡的職稱和地位，而是能夠真正有所貢獻的工作。

法學會除了定期或不定期舉辦法律研討會外，也發行了一些刊物。之後會員們還共同出資成立了「中國比較法學會基金會」，以基金會的名義買下社址，供學會活動。賴浩敏身為基金會董事之一，為了法學會的活動出錢出力，募不到款就自己捐。

除了倡導理論，法學會也想從事更多對社會有實際效益的工作，因此成立了「平民法律服務中心」，聘請專業律師為民服務，許多知名律師都曾在中心服務過。

法學會的重要成員，日後大致朝兩個方向發展。林義雄、江鵬堅、謝長廷、姚嘉文、張德銘、蘇貞昌等人從政，對推動台灣的民主法治作出重大貢獻。賴浩敏和其他律師則留在律師界，主導律師界的改革，也同樣帶來深遠的影響。

作育英才

一九七二年，就在法學會成立後不久，台灣大學法律系的學長，也是律師界前輩的陳繼盛教授出任文化大學勞工關係學系主任，賴浩敏獲聘為該學系講師，講授《民法概要》。

說到勞工關係，一定會談到勞資契約、勞動契約、團體協約甚至團體訴訟，所以法律在勞工關係中是很重要的一環。

那時賴浩敏教授《民法概要》，姚嘉文也在文大教授《憲法》。姚嘉文曾經提議：「賴桑，我們的科目一年輪流對調一次如何？」

賴浩敏回答：「不行，我教《憲法》一定會出問題。」

見識過日本自由的政治環境後，一旦教《憲法》，賴浩敏一定會忍不住批評當下的政治現實，還會舉實際的例子講解哪些政策和法律是違憲，最後一定會惹禍上身。

（一）如果有自信通過我的考試，就可以不來上課

那時賴浩敏不但教《民法概要》，還兼任導師。當時文化大學很窮，有時連教《民法》的鐘點費都拿不到，而當導師不但沒有鐘點費，還必須主持導師時間和學生交流。賴浩敏當時只有自己獨力執行律師業務，每天已忙得暈頭轉向，還要額外花時間教導學生，其實相當不符合成本效益。但他認為教導年輕學子是他為社會付出的方式，所以欣然接受。

其實對賴浩敏而言，教書本身是很愉快的。他在求學時就很強調融會貫通，同學上課如果有不懂的地方，他都可以很清楚地講解讓對方聽懂。所以，常常有同學找他請教功課，他也覺得自己很適合教學。

因為體驗過日本自由自主的教學風格，賴浩敏在教學上也尊重學生的自由意志。他自己讀大學的時候就常常翹課，等到當了教師，自然也不會強迫學生一定要乖乖待在課堂裡，最重要的是為自己的行為負責。

他對民法課的學生說：「我有時候會點名，但我點名不是作為打成績的參考，而是要認識你們，一次一次地認識大家。所以，你們不用在意點不點名，如果有

自信通過我的考試，就可以不來上課，沒有自信的就請你乖乖來，如果不來，又通不過的話，我就很抱歉了。」

說是這麼說，對沒通過考試的學生，賴浩敏倒也不會直接當掉。文化大學學費昂貴，家長負擔很重，他實在不忍心讓學生退學。如果學生考試沒考過，他會先把學生找來，問他其他科的情況如何。如果只有《民法》考不好，其他科目成績尚可，賴浩敏就會直接告訴他：「你《民法》當掉了。」如果其他科也沒過，《民法》又沒過的話會退學，賴浩敏就會給學生打五十分，提供一次補考機會。

他的評分標準是：不能補考的學生打四十幾分，有機會補考的學生就打五十分，絕對不會超過五十分，因為一旦超過五十分，學生可能會跑來求情要求多加幾分湊到六十，增加很多麻煩。

（二）大學生一定要養成獨立思維的能力

對於自己導師班的學生，他更加強調自由意志的重要。

在一年級第一節的導師時間，賴浩敏告訴他們：「每一個知識份子，特別是大學生，一定要養成獨立思維的能力，當某種事件發生後，你們要有能力去思考、評價這個問題，不要人云亦云。包括老師告訴你們要獨立思維這個問題，你們也要思考這樣對不對。」

他說這話完全出於真心誠意，如果大學生無法獨立思考，別人講什麼就跟著講什麼，這個國家有希望嗎？

然而，這番肺腑之言，日後卻給他帶來挫折。

他在文化大學教了六年，原本相當順利，後來卻換了一個系主任，新的系主任的作風跟前任大大不同。

那時在學校和各級政府機關的人事部門除了人事室，還設了人事室第二辦公室，簡稱「人二室」。人二室雖然附屬於人事室，卻是由調查局掌控，專門監管內部人員有無反對政府的言論。

在文化大學教到第六年，因系主任陳繼盛教授卸任，換了一位賀姓主任時，人二室下了一張條子給了系主任，要求他禁止賴浩敏跟姚嘉文開課。姚嘉文顯然是因為在課堂上評論政府所以被列入名單，但賴浩敏教《民法》從來不批評時政，卻也一起被「人二室」當成眼中釘。因為他教學生要有獨立思維的能力，而人二室把「獨立思維的能力」跟「台獨」連在一起，也把賴浩敏當成反動份子。系主任不敢反抗人二室的指示，把兩人都辭退，賴浩敏和文化大學六年的緣分就這麼斷了。

他離開之後，文化大學受到不少批評。因為每年的學生調查問卷，賴浩敏的教學都受到好評，校長也多次來函致謝。所以，很多人責怪校方，不該趕走這麼好的老師。不久之後，文化大學的行政單位也有些後悔，又想請賴浩敏回去。

「賴律師，勞工關係系現在的《民法概要》已經換人教，但商學系有缺，再請你回來教《民法概要》好不好？」

賴浩敏不客氣地回答：「我為文化的學生感到遺憾，因為我真心想為他們奉獻，他們失去這樣的機會實在很可惜。但是，文化大學這種作風是沒有資格請我這樣的人的。所以，現在不管是什麼院什麼系，就算用八人大轎子抬我，我都不會去。」

日後章孝慈在東吳大學當法學院院長，讀了賴浩敏發表的《商事法》文章，覺得他對商法很通，邀請他去東吳大學教《商事法》，賴浩敏同樣婉拒。

「對不起，教書這種事，我再也不碰了。」

畢竟以那時惡劣的政治環境，就算去了東吳大學也可能被趕走，甚至惹上更大的麻煩，所以賴浩敏不想再去淌渾水了。

創辦「萬國法律事務所」

雖然和文化大學不歡而散，這六年的教書生涯也意外地讓賴浩敏走上另一條新道路。

文化大學有提供交通車接送教授上課。賴浩敏常常在交通車上遇見同在文化授課、時任台北地院法官的陳傳岳。陳傳岳是他台大小一屆的學弟，是妻子古登美的同班同學，也與台大七賢中的黃柏夫、范光群同為司法官訓練所第六期學員，一起受訓，黃柏夫、范光群結訓後擔任法官，陳傳岳則是先歷練檢察官，之後轉任法官。兩人在車上發現彼此志同道合，常常聊得很熱絡，友誼日益深厚。

（一）四柱合夥萬國法律事務所

某一天，當賴浩敏和陳傳岳一起搭乘交通車上陽明山，準備授課時，陳傳岳說：「老賴，你的律師事務所很成功，但你有沒有想過要合作？我知道你自己一個人做得也很好，但也許合作可以有更大的發展。」

賴浩敏說：「很好啊，你們這點子很好。」（後來知道，在此之前，陳傳岳和范光群也談到合夥的事。）

事實上，因為他的律師業務愈來愈興盛，龐大的工作量讓他喘不過氣來，他一直在考慮跟其他律師合作經營業務。之前他和另一位律師合夥過，沒有成功，後來又和同班同學也是七賢的張德銘律師合夥，事務所取名「萬國法律事務所」。取名叫「萬國」，自然是希望業務能夠走向國際化，與國際接軌。

可惜的是，賴浩敏和張德銘又因為理念不合而拆夥，所幸友情沒受到影響。

雖然有過失敗的經驗，賴浩敏並沒有放棄尋找合作夥伴的念頭。聽到陳傳岳、范光群提起合夥的事，他大力贊成，接著他們又把另一位「七賢」——剛從美國德克薩斯州大學奧斯汀分校留學回來的黃柏夫也拉進來。

就這樣，黃柏夫、賴浩敏、范光群、陳傳岳這四位志同道合的法律人，便成為了萬國最早的共同創辦人。多年後被問到挑選合作夥伴的理由時，賴浩敏爽快地歸納道「做人正派，志同道合」這兩個特質。即便四人之間難免有個性與作風上的不同，但賴浩敏認為四人彼此間能在日後共事長達三、四十年，最關鍵的因素便是為人。賴浩敏回憶道：「我覺得他們都是正人君子。」

一九六〇、七〇年代，法院仍然充斥威權體制，法官的判決書在宣判前還得讓院長過目蓋章，院長有權左右判決的內容，大大違反獨立審判的精神，其他種種貪污關說的弊端也層出不窮。黃柏夫甚至曾經因為忽略上司對案件的「關切」而被調職。

陳傳岳也說過一則離譜的故事：有位法官去開庭途中，遇到有人向他招呼行禮，法官直覺地回禮，不料那人是司法黃牛，法官因此被人懷疑跟黃牛勾結。這事傳開後，害得很多法官看到有人打招呼都不敢回應，卻又被說成太驕傲不屑理人。所以，法官們為了避嫌，只好看著天空走路，或是低頭不看任何人。

最後三人都受不了這種扭曲的風氣，先後取得獎學金到美國念碩士，回國後又先後離職。范光群自己開業，陳傳岳去常在法律事務所當律師，黃柏夫較晚回國，還沒有開始執業。

經由范光群、陳傳岳起頭，三個對司法體系失望的前司法官，和亟需工作夥伴的律師賴浩敏，四個人都對改革司法體系充滿使命感，可說是一拍即合。他們通了幾通電話，又聚會幾次討論細節，並且另外邀請一位蔡清傑律師加入，就決定要合夥，照賴浩敏的提議沿用之前的名稱，成立「萬國法律事務所」。

然後每個人拿出十萬元，共五十萬元作為籌備資金。由於五人中只有黃柏夫沒有執業不用上班，籌備工作就全權交給他負責，其中最重要的工作就是地點的選擇。

由於大家都希望萬國能成為國際性的綜合法律事務所，辦公室必須設在比較具有國際象徵性的地點。那時中山北路最符合這個條件，所以選定了中山北路與民生東路交叉口的中建大樓，作為萬國的第一個據點。

短短一個月內，他們就完成了籌備工作，在一九七四年十月七日正式對外宣布「萬國法律事務所」成立。

（二）equal vote, equal share

那時台灣已經有幾個大型的律師事務所，其中常在國際法律事務所以及理律法律事務所是從中國遷過來的，國際通商法律事務所是美國事務所的分支，都是來自外地。台灣本地的律師仍然習慣獨自執業，頂多兩人或三人合夥，而且所謂「合夥」很多是「合署辦公」，只是幾個律師合租辦公室各做各的案子，算不上真正的合作。

萬國法律事務所則是本土第一所由高達五名律師合夥成立的大型事務所。消息傳出之後，法界人士大都不看好，很多人都在說風涼話。比較厚道的人說：「你們這個事務所恐怕撐不過一年。」比較狠的人就說：「我看你們三個月就會完蛋！」

雖然被這樣唱衰，賴浩敏和夥伴們並不信邪。范光群、黃柏夫和陳傳岳在美國都見識過動輒幾百人的大型事務所，大開眼界，他們認為美國能，台灣沒有理由不能。

賴浩敏也認為，既然綜合醫院可以生存，綜合律師事務所為什麼不能？醫科有外科、內科、眼科及各種不同領域，再厲害的醫師也不可能每樣都精通，所以才會有綜合醫院的產生。

律師也一樣，雖然法律人講究「讀通」，對每種法律都能融會貫通，畢竟術業有專攻，每個律師都有自己最擅長的領域。如果硬要獨自處理每一種法律案件，不但對律師本身造成負擔，當事人的權益也會受損。

賴浩敏長年獨自開業，承擔所有案件，有時在法院開庭，上一個案件還沒開完，下一個案件已經開庭了，下一庭的法官還會指示：「去幾樓第幾法庭把賴律師叫來。」可見他跑法院跑得太頻繁，連法官都知道他的開庭行程。再加上他對所有案件都有強烈的責任感，壓力非常沉重，已經是筋疲力盡。所以，他認為獨自開業是不切實際的做法。

本土律師之所以不易合夥，原因無非是利益和責任分配不均，每個人都怕自己分到太多工作，分到太少錢，合夥人之間稍有不滿意就會吵翻，所以大家都寧可獨立開業。

當時也有人規勸賴浩敏：「你自己開業做得這麼好，為什麼還要跟別人合夥？」

賴浩敏回答：「人不能認為只有自己最行。」

很多人的通病是認為自己能力最強，所以不願跟別人合作，怕自己會被佔便宜。但賴浩敏認為，大家都是法律人，能力都一樣好，至少是差不多的，所以沒有佔便宜的問題。天下的案件很多，天下的錢也很多，人不要只想自己一個人賺盡天下的錢，辦盡天下的案子，出盡天下的名、應該要讓大家一起合作把案子辦好，也可一起賺錢。一旦讓客戶知道他們事務所有很多菁英，而且各有長才，辦案更加深入負責，口碑建立起來之後，根本不用擔心沒有案子辦。

基於「有錢大家賺」的精神，他們的共同合夥契約只有短短一頁，裡面載明

萬國法律事務所四位創所律師（左起）：陳傳岳、范光群、黃柏夫、賴浩敏。

了「權利義務均等」。在當時的時空背景，這樣的合夥契約完全是無法想像的。

事務所一開始就是採取合夥人「equal vote, equal share」，認定萬國的案子沒有個人的案子，通通是事務所的案子，只是由分配到的人主辦，但那也不是主辦人一個人的案件，如果主辦人遇到困難，其他人也會去支援他，案件辦完後的收入就由所有人平分。

所以，事務所從草創時期就有一個口號：「消滅個人，建立萬國」，表示萬國不是一個人在辦案，而是一整個事務所在辦案。這句口號也成了萬國法律事務所的企業文化。

要做到這點，必須要有深厚的感情和互信，而賴浩敏與其他三位創所律師之間也的確情同手足，甚至「比兄弟還親」。四人經營萬國的基本原則是「服從多數，尊重少數」。但是，如果過分強調多數決就變成多數暴力，因此為了尊重少數，縱使只有一個人反對，多數方也不會直接表決。他們約定好，合夥人之間如果有什麼意見，一定要坦率地講出來，這樣才會知道彼此的想法，然後再以理性的態度解決，也就是共識決。當少數的意見充分表達後，雙方再盡量溝通，讓少數一方接受。

總之，他們每次做出的決議，絕對沒有一個人是真正反對的。

除此之外，合夥律師之間還有一個默契，如果在事務所受到委屈，絕對不要回去告訴另一半。因為夫人們不像合夥人們經常一起相處，對事情狀況並沒有那麼瞭解。如果聽到丈夫訴苦，可能會斷章取義對事務所造成不好的印象，帶來不必要的糾紛。於是，長期以來合夥律師的眷屬之間也都像一家人般融洽。

兢兢業業，群策群力

萬國法律事務所成立後，一開始的成員只有五位律師和兩位行政人員。因為大家之前都沒有合夥的經驗，而且五十萬元的籌備資金到了開業前夕只剩兩千元，所以大家都倍感壓力，小心翼翼地經營，在經營策略上也比較保守。

在收入分配上，萬國並不像其他事務所採取依照業績分配利潤的做法，而是每個人均分，合夥人每個月固定領薪水，最早是一個月兩萬五千元。

在工作分配上，他們有一套分案制度，由於成員大都是法官出身，基本上是學法院的做法，用記點的方式作為分類的標準。將案件依難度分為五個等級，從一點到五點。小案子是一點，大案子最大到五點。每個月統計每個人分到多少點數，以此判斷每個人的工作量。

雖然有分案制度，他們還是秉持著不計較的態度。「我的案子就是你的案子，你的案子就是我的案子」，也就是說全都是萬國的案子。

久而久之，事務所成員養成討論案子的習慣，有時還會利用晚上和週末共同討論案件。這種傳統從開始一直維持到現在，後來甚至成為固定的討論會，形成了萬國的文化。日後許多年輕新進律師加入，大家還是常在一起討論。

由於其他合夥人都是法官轉職，案件來源不及執業十年的賴浩敏，所以開頭的前幾年大部分是賴浩敏把自己接的案子拿出來分給合夥人。原本他每個月可以賺八到十萬元，萬國成立後，他變成每個月領兩萬五千元的薪水，別人都認為他虧大了，但他完全不覺得自己吃虧，堅信萬國的理念會成功。

辛苦經營一年多後，合夥人之一蔡清傑律師有了離開事務所的念頭。其他合

萬國四位創所律師與夫人。後排左起：陳傳岳、黃柏夫、賴浩敏、范光群；前排右二為古登美（攝於司法院長大安官邸）。

夥人討論後，推舉賴浩敏做代表去和蔡律師商談，由其他四人以分期付款的方式買下蔡律師的股份。

對有些人而言，合夥人退股是很傷感情的事，可能會產生很多糾紛，有時還會鬧上法院，但他們五個人一起吃頓晚餐就解決了，沒有留下不滿，只有對彼此的祝福。

蔡律師離開後，事務所剩下四位創所律師，下面帶四個助理以及四位行政人員，總共只有十二個人。因為人不多，相處起來就像一個大家庭，彼此間關係很親密。

由於人少，也沒有專門負

責打掃的人，但他們完全不會去計較該由誰做清潔工作和其他雜事。每天第一個到辦公室的人就負責開門，收拾清洗杯子。客人來了，有空的人會自動去處理，倒茶招呼客人，不會計較是不是自己份內的工作。

因為大家都把事務所當成自己的家，所以不會把事情都當成工作，而是以共同維繫萬國法律事務所的心情來看待。

律師的尊嚴

萬國法律事務所有兩個目標：第一就是證明律師也是可以合夥的，第二個是要證明正派經營會成功。

賴浩敏認為，其實合夥更能確保正派經營。因為如果律師想要靠關說走後門賺錢，就必須自己一個人偷偷在檯面下進行，不能讓別人知道。但是，在合夥事務所，一切都必須公開，當然就沒有機會去做見不得人的事情。

因此，他們希望能推廣合夥經營的模式，藉以改善律師的水準與操守。不但如此，還要找回律師的尊嚴。

當時的司法界風氣相當扭曲，法官貪污、律師走後門的傳聞時有所聞，造成一般民眾對司法相當不信任，總是認為「有錢判生，沒錢判死」，對律師也不甚尊重。

曾經有一個當事人被桃園地院判有罪，找賴浩敏幫忙上訴。賴浩敏看了卷宗，告訴他們上訴應該有希望，誰知當事人的女兒卻說：「律師，我聽說你們律師裡面都串通好，這一審你贏、下一審他贏，就是輪來輪去的是不是？你是不是也是這樣？」

賴浩敏一聽火冒三丈，覺得根本就是在侮辱他的人格。他也不管對方是客戶，當場把卷宗一甩，說：「妳如果認為我是這樣的人，你們的案子我不辦了。」對方連忙向他下跪道歉，說她講錯話了。賴浩敏覺得自己有些太激動了，於是靜下心來問她：「妳是真心以為自己講錯話嗎？」談了許久，賴浩敏還是把案子辦好了，他要讓對方知道，正直的律師也是可以打贏官司的。

整間事務所裡，只有賴浩敏敢對客戶甩卷宗。對他而言，律師的尊嚴不容踐踏，就算嚇跑客戶，也不能容忍這樣的侮辱。

這還不是個案，其他當事人也會不時對賴浩敏說：「賴律師，我的朋友說這案件應該怎麼樣⋯⋯」「我的警察朋友他講說⋯⋯」這種時候，賴浩敏一定毫不客氣地回答：「既然你的警察朋友這麼行，你去找他辦吧！要找我就要信任我！」

有的當事人會話中有話地問賴浩敏和其他律師說：「律師，你們應該認識某某法官吧？」這時他們總是回答：「這跟認不認識沒有關係，你如果信任我們，就交給我們辦。」

還有人說得更露骨，直接要求：「我的案件可不可以麻煩你們去走動走動，跟法官私下講講看？」

遇到這種人，賴浩敏與合夥人們一律回答：「對不起，我們不做這種事！」就算因此少了案件，他們也不後悔。

雖然的確有些傳聞，某些律師靠著走後門賺很多錢，也不用納稅。但是，賴浩敏覺得那些謠傳「有問題」的律師，幾乎沒有一個是很開朗的人，感覺都很陰沉，活得很不快樂。做了虧心事，天天擔心出事，當然開心不起來，賴浩敏一點也不羨慕他們。

由於過人的專業素養，又堅守職業道德，萬國法律事務所漸漸建立了口碑，業務穩定地成長著。

合夥事業蒸蒸日上

（一）搬遷到明生大樓

事務所經營一年多後，因為業務進展順利，已經有了一筆儲蓄。這時原本的辦公室已經太小不敷使用，他們決定換更大的辦公室。

他們用儲蓄下來的資金，在仁愛路、林森南路口訂購了一間預售屋，準備等房子蓋好就搬過去，但黃柏夫卻忽然覺得不妥。因為新辦公室是位於住辦共用的大樓，門廳較狹窄，和萬國法律事務所對國際形象的要求不合，所以黃柏夫提議事務所應該在當時最國際化的中山北路另覓新址。

因為大家都很期待早日搬到買好的辦公室，現在忽然要放棄，當然很難接受。黃柏夫花了一番功夫說服了陳傳岳和范光群，但賴浩敏對於經營的態度比較保守，他堅持既然已經花錢買了新辦公室，就應該要搬過去。

賴浩敏向來堅守立場，敢說敢言，不怕得罪任何人，整個事務所裡只有他敢對客戶甩卷宗，但他的客戶仍然最多，因此大家都非常重視他的意見。陳傳岳常常說：「我們這個事情，就算只有老賴一個人不贊成，也絕對做不成。」

但是三人還是不死心，於是想出一個辦法，在某天晚上邀請賴浩敏去喝酒，打算在輕鬆的氣氛下和他溝通，結果他們還沒開口，賴浩敏就說：「仔細想想，仁愛路那邊也許不是很適合，我們還是再找別的辦公室吧。」

賴浩敏知道他自己的份量，也知道其他人對他的尊重，所以他很收斂，該讓步的時候就讓步，絕對不會濫用大家對他的尊重。

後來事實證明，因為萬國的業務擴展得比想像中的快速，原本買下的預售屋面積確實不夠大，必須尋找更適合的地點。

後來陳傳岳在中山北路、南京東路口的明生大樓找到一間一百坪的辦公室，比最初的辦公室足足大了一倍。然而，更大的辦公室就意味著更貴的房租、更高的搬家費和裝潢費，和更高的經營成本，這點又引起賴浩敏的疑慮。

「這麼貴的辦公室，以我們的條件可以嗎？妥當嗎？」

然而，陳傳岳對事務所的發展很有信心，堅持要搬。他認為萬國的業務一直很穩定，人員也隨之增加，應該要有比較合適的場所來容納人員，以便進一步擴展。在他的堅持下，終於得到合夥律師的一致同意。

一九七七年，萬國法律事務所正式搬遷到明生大樓，而他們也在這個時期，建立了更嚴謹的行政與書面制度。他們現有的作業規則、檔案規則，以及其他制度，都是在那個期間由四位法律助理：黃虹霞、蔡明宛、葉勝添、彭學聖分工合作建立起來的。

（二）設獎助學金，發行雜誌

除了經營業務之外，事務所也始終不忘社會責任，關注台灣的法學教育是其中一項。他們在一九七九年在台大、政大、中興三所學校的法律系創設了「萬國法律事務所獎學金」；一九八四年起又增設「萬國法律事務所助學金」五名，以資助清寒的優秀法律系學生。

萬國還有一個特殊文化，每週都有一個法律實務座談會，座談會上不但會宣讀最新的法令、司法院公報的摘要等等，以掌握最新的法律變化與趨勢，還會討論當前比較熱門的法律問題。

最重要的是，大家辦案上如果遇到什麼困難，也可藉此提出來做個案討論，透過會中對各種正反意見的充分討論，可以預先把法庭上的正方反方攻防想得更周延，提升辦案的品質。

除了每週的座談會之外，萬國從一九八一年開始發行內部刊物《萬國法訊》，四年後，《萬國法訊》從薄薄幾頁的內部刊物，演變成正式對外發行的刊物《萬國法律雜誌》雙月刊。這本雜誌對內是成員之間的經驗心得分享，對外則是事務所的重要宣傳品。

在雜誌發行的前十年，《萬國法律雜誌》是不接受外來稿件的，所有文章一律由萬國的律師和法律人員負責撰寫。那時大家都很忙，還得抽出時間來寫稿，當然很辛苦。所以，所內對寫稿採取硬性要求，每個律師都要輪流寫，除非有特殊情形才可免寫，合夥律師也不例外。而且還有截稿時間，逾期沒交稿就罰錢，一直罰到交稿為止。

一開始是逾期一天罰十元，合夥律師因為要以身作則，罰金加重為一天五十元，靠著這樣才能把稿子硬榨出來。

當辦案真的很忙的時候，稿子難免會拖延，但罰金還是得乖乖地繳，范光群還曾經有被罰幾千塊的紀錄。

後來事務所為了鼓勵寫稿，開始發稿費，但稿費往往不足支付罰款。

之後也有其他事務所仿效他們出法律雜誌，卻總是沒幾個月就停刊了。而《萬國法律雜誌》雙月刊從一九八二年創刊一直持續到現在，始終維持相當的水準和規模，這點讓事務所相當自豪。

萬國法律事務所經營順利，創立一年後就因業務需求必須搬遷新址。陳傳岳在中山北路、南京東路口的明生大樓找到一間一百坪的辦公室，比草創時的辦公室足足大了一倍。1977 年，萬國法律事務所正式搬遷到明生大樓，萬國的作業規則、檔案規則，以及許多重要制度都是在此時期完成。（賴浩敏攝於萬國法律事務所明生大樓辦公室）。

一切回歸初心

賴浩敏參與創立萬國法律事務所的一個重要原因，是為了讓每個律師在自己專精的領域盡情發揮。而他自己專精的領域，是《刑事訴訟法》和日文。

之前因為獨立開業太忙，無法發揮他的日文長才，開始合夥之後，他終於能夠著手拓展日系的業務。

（一）攻下日本第一勸業銀行

那個時候，在台灣的日本客戶多半是委任從日治時代就開始執業，對日本很瞭解的老律師，要加入競爭並不容易。但是，賴浩敏相信日本是一個講究實力的社會，只要他表現得夠好，還是能得到日本客戶的肯定。

他的第一個目標，就是攻下日本第一勸業銀行，也就是現在的瑞穗銀行。那時第一勸業是台灣唯一的一家日系銀行，而日商來台投資一定要透過銀行。因此，賴浩敏打算藉由和第一勸業銀行合作，爭取和更多日商合作的機會。

他找上第一勸業銀行的支店長湯本恭三，向他毛遂自薦。

「湯本先生，如果貴行日後有法律業務需要辦理，請務必給我一個機會。」

這番自我推銷打動了湯本先生，還另約時間請賴浩敏吃飯。過了一陣子，他果然找上了賴浩敏。

「賴律師，我們銀行這裡有個案子想麻煩您。」

賴浩敏把握這難得的機會，把案子辦得很好，第一勸銀很滿意，日後又陸續委託他更多案件，之後更直接聘請他為法律顧問。

拿下第一勸銀這個據點當然很高興，但那時第一勸銀已經有一位法律顧問，是一位姓詹的年長律師。賴浩敏不願破壞他們長年的合作關係，對第一勸銀的主管說：「我雖然當了你們的顧問，但請貴行不要因此把老顧問解聘。」

他始終秉持著一貫「有錢大家賺」的原則，要拓展自己業務，不一定要踩在別人的頭上，和氣一樣可以生財。

（二）成立日本獎學金留學生聯誼會

和第一勸銀建立良好的合作關係，口碑建立起來之後，開展日商業務容易多了。再加上賴浩敏是領日本文部省公費的留學生，日台交流協會因而找上他，請他幫忙組一個公費留學生的同學會。

賴浩敏在一九八八年號召曾經領取「國費留學生獎學金」以及「交流協會獎學金」獎助的台灣留學生組成「日本獎學金留學生聯誼會」，目標是維繫歷屆獎學金得主間的友誼，提供互動交流機會，並發揮留日學界的力量，參與有助台日兩國交流的活動，聯誼會的會址就設在萬國法律事務所。

創會之後，賴浩敏當了二十幾年的理事長，交棒年輕世代後，被推舉為永久名譽理事長，跟交流協會關係良好。之後日本人學校、台灣日本人會，以及台北市日本工商會也都請賴浩敏當法律顧問，每個案件都處理得很妥當。

他的名聲一傳十，十傳百，很快又有很多日本大企業成為他的客戶。包括豐田、伊藤忠、丸紅、住友、三菱等大財團，都聘他處理法律事務。當這些公司的員工在一些活動上聚首的時候，他們還會說：「雖然我們業務是競爭的，但律師是同一個。」

（三）守住客戶的權益，和自己的品德

賴浩敏能夠成功拓展日本業務，除了流利的日文能力之外，最重要的是他深刻的理解能力。

在和客戶交談的時候，有時客戶沒有辦法把自己心中所想的事情整理好，表達上詞不達意，賴浩敏總是可以幫他們把沒有講出口的話加以整理分析，幫對方說出口。有時客戶沒想到的事情，他也會先為客戶設想，所以客戶對他心服口服。

有一位客戶就說了：「律師你真的很厲害，把我想要講的話通通都幫我講出來了。」

所以，賴浩敏當時一個小時的律師費原本是八千元，後來因為業務繁忙，為了以價制量，漲到一萬兩千元，算是非常貴，但日本客戶都認為這錢花得很值得。有人告訴他：「我有時一個案子跟其他律師講了好幾個小時，根本沒有任何的結論，但跟賴律師你只要談個一小時，你就會給我們一些具體可行的做法了。」

還有一位客戶，原本只請他處理台灣的業務，日本的業務另外交給兩位日本律師，後來甚至連日本的案子也要求賴浩敏飛去日本幫他處理，可見客戶有多麼信賴他。

雖然業務蒸蒸日上，收入也增加不少，賴浩敏的初心並沒有改變：要做一個能為社會做出貢獻的律師，而不是只顧賺錢的律師。

有時對造會私下找他，問他：「你收費多少？我給你加倍。」付這麼多錢，無非是希望賴浩敏在訴訟中，或是審合約的過程中放水讓他過關。

要賺這種錢是很容易的，因為身為律師很清楚如何不著痕跡地放水。但對賴浩敏而言，這種事完全違反他最初以律師為志業的初衷。

曾經有一位林姓前立委，他找了一位許姓女立委，又聯合她丈夫，那時擔任農林廳的副廳長，向伊藤忠商事等日本財團提案，要求投資他們的事業。

伊藤忠的主辦人說：「這件事我們一定要先聽法律顧問賴律師的意見才能決定。」

那位副廳長在公務場合上認識時任省府委員的古登美，因此讓林許二人藉著這層關係來拜訪賴浩敏。

「賴律師，伊藤忠說賴先生你是法律顧問，他們什麼事情都聽你的。」那位林前立委說。

賴浩敏說：「因為我是顧問啊。」

林前立委又說：「我們現在正在向伊藤忠提案，這件案子他們一定會來問你，到時請你不要有任何不利的意見，我們一定重重地謝你！」

然後他開出了一筆報酬，金額高達幾百萬（二十多年前是筆鉅款），並且殷勤地說：「律師，您知道最近新開了一家欣葉台菜嗎？他們的魚翅比新同樂還好，等我們談完以後，晚上我請你去欣葉嚐嚐。」

賴浩敏心裡很明白，如果是正當合法的案子，為什麼這麼怕律師提意見？況且那位林前立委明明已經卸任了一兩年，卻還在使用立委的名片，感覺不是個正派的人。

他沒有明白回應，只說：「你的意思我瞭解了。」

當天下午，對方真的和伊藤忠商事的主辦人一起來問賴浩敏的意見。賴浩敏當著林許二人的面，沒有提出意見，而是說：「這個問題牽涉到一些滿複雜的法律關係，等我研究一下再告訴你們。」

等所有人回去以後，賴浩敏打電話給伊藤忠的主辦人，告訴他：「你這個案子絕對不能跟他們合作。首先，他們要你們投資花東地區的這塊地，地目是漁牧業的土地，他們想要改變成建地牟取利益。但是，法律明文禁止外國人投資、買受漁業、牧業、林業用地，你們如果真的投資會出問題。第二個，就算你們用任何技巧迴避這條法律，要變更地目也是非常困難的事情。第三個，即使那位立委的丈夫在農林廳當副廳長，他的權力仍然處理不了這種事。況且我內人是省府委員，還是他們的上司，沒人比她更瞭解狀況。這事根本做不到。」

他說完之後，伊藤忠馬上就回絕了林許二人的提案。然後林前立委就打電話來找賴浩敏。

「賴律師，聽說你跟伊藤忠說不能投資？」

賴浩敏說：「是啊，我身為律師，要保護當事人的利益啊。」

林先生無話可說，只好說：「喔，那這樣很抱歉，晚上的這個魚翅宴要改天了。」

賴浩敏當然不會在乎他們的魚翅宴，他在乎的是他守住了客戶的權益，和他自己的品德。

他認為品德要從兩個層面來看，第一個就是「社會責任」，不管是企業家、律師、醫師，都必須以自己的方式回饋社會的栽培。第二個就是「良心」，絕對不做違背良心的事情。

在他的努力之下，萬國成為台灣的各大事務所之中，日系業務發展最好的一家。

白色恐怖再臨

一九七八年，黨外運動興起，許多黨外的異議份子開始組織化，舉行活動、演講，試圖突破國民黨一黨專政的情況，爭取人民的自由。賴浩敏的友人姚嘉文也是其中一份子。

（一）從當局的觀點來看，你可能已經越界了

姚嘉文是賴浩敏在大學低兩屆的學弟，不過他先出社會工作再考進台大法律系，所以年齡其實比賴浩敏年長。他曾經邀請賴浩敏一起參與黨外活動，但賴浩敏認為自己生平無大志，只對他說：

「嘉文，你有志氣、有條件，為了你的理念去衝鋒陷陣，我很佩服。但我不具備這樣的條件，我有老母要奉養，還要照顧兩個弟弟和自己的家庭，所以很抱

歉，我不能加入你，也沒有那個志氣。但我會真心地祝福你。」

一九七九年，黃信介成立「美麗島」雜誌社，以許信良擔任社長。「美麗島」名為雜誌社，實質是政黨，藉著媒體的力量集結黨外人士，進行異議活動，因此與政府的衝突不斷加劇。

姚嘉文是「美麗島」的活躍成員，賴浩敏幾次勸他小心，他總是回答：「放心啦，我做那些事是遊走法律邊緣，沒有越線，當局不能把我怎麼樣。」

賴浩敏不以為然，警告姚嘉文：「大家都是讀法律的，應該知道邊緣的危險。你這套邊緣論是用你自己的角度來看，也許從你的觀點來看你還在邊緣，但從另外一個角度，從當局的觀點來看，你可能已經越界了。」

雖然賴浩敏這樣語重心長地忠告，姚嘉文仍然信心滿滿地回答：「不會啦，不會啦！」

這話說完以後不到一個禮拜，「美麗島事件」爆發了。

一九七九年十二月十日，在高雄參加「美麗島」集會的群眾和鎮暴警察發生暴力衝突，接下來政府開始大規模逮捕跟事件有關的黨外人士，尤清、姚嘉文、林義雄等人全都被捕。

賴浩敏一聽到消息，因為姚嘉文家離他家很近，他連忙趕去姚家探望，姚夫人周清玉那時已經哭得肝腸寸斷了。賴浩敏除了費盡口舌安慰夫人以外，什麼都不能做，感受到深深的無力。

但更讓賴浩敏震驚的，還是同為律師朋友的林義雄被捕後不久所發生的「林宅血案」。

（二）擔任「林宅血案」嫌疑人家博的辯護律師

賴浩敏與林義雄兩人結緣甚早，從台大年輕律師校友會開始，便已和林義雄有所往來。他們與姚嘉文、陳繼盛等人共同創辦了台北平民法律服務中心，替老百姓提供法律諮詢服務。當時或許沒有人能想得到，林義雄在美麗島事件被逮捕後，居然會在震驚社會的林宅血案中失去老母與雙胞胎女兒。

鮮少為外人知道的是，賴浩敏曾經擔任當時被檢調單位指為重大嫌疑犯的林義雄外籍友人——長年關注台灣發展的澳洲學者家博教授（Bruce Jacobs）的辯護律師。賴浩敏接下這件矚目案件的委託，所需承受的壓力自然不小，但他無畏無懼，開始收集證據資料。為了周全，還曾經探訪當時在監的林義雄，而林義雄也認為家博是被冤枉的，甚至斬釘截鐵地說：「絕對不是他。」

在賴浩敏的努力下，家博免去了被違法收押的命運，檢方最後只得以罪證不足為由，撤銷對家博的出境限制。

但這個小小的勝利，並不足以驅散友人因美麗島事件入獄甚或家屬受牽連等

2000 年法政實務研討會，時任總統的陳水扁（右二）會見賴浩敏（左一）等律師代表。

種種白色恐怖的陰影。

也因為連續多次看著朋友被政府整肅，賴浩敏深深體會到由國民黨一黨獨大的政府實在太專橫了。雖然起初出於一切以照顧家庭優先的考慮，賴浩敏對政治向來是關心而不參與。但即便他沒有積極表態，內心卻仍默默支持黨外活動，希望台灣能出現另一股力量制衡政府。

因此，日後陳水扁、謝長廷、尤清、蘇貞昌、林義雄、張德銘等人出來參選，賴浩敏和台大校友會的成員們都是出錢出力地支持他們。沒想到陳水扁當上總統後，卻鬧出貪污案件，讓他非常失望。

正因為不管哪一黨都有可能做出不合法、不道德的事情，賴浩敏判斷事情向來是超脫黨派，只問是非而不偏袒任何一方。這樣的觀念，成為他日後擔任公職的行事準則。

奠定基礎的財神酒店案

萬國經營了十年，業務始終穩定成長，但真正讓事務所大大出名的案子，莫過於財神酒店的破產案。

財神酒店原本風光一時，最後卻在爭議非常大的狀況下被宣告破產，成為當時各報的頭條新聞。法院原本指定了一位破產管理人處理，但那位破產管理人隨即又被撤換。後來，法院打電話到萬國，指名找范光群當破產管理人。范光群也很猶豫，這麼大又麻煩的案子，要不要接呢？

經過合夥律師團會議的討論，大家都表示支持，並且願意做他的後盾。於是范光群接下了這個社會矚目的案子。

財神酒店破產的處理，難在債權人太多太複雜。酒店是採取「共同持有，共同經營」的模式，裡面的房間總共分屬於三百零六名所有權人，而且宣告破產時飯店裡還有幾百名員工，飯店同時還要繼續營業，更是難上加難。

其實，經手財神酒店的破產案，對事務所並不划算，投入的人力、時間和所得根本不成比例。他們花了三年的時間，幾乎是事務所二十幾個人全部投入了，還要另外請一位會計師。那時每個人一面協助范光群處理這件案子，一面還要辦其他的案子，幾乎忙不過來。但他們還是盡心盡力地處理好，當主辦的范光群氣餒的時候，大家也都不吝給予鼓勵支持。

因為他們公正地依法處理，債權人和債務人對他們的做法都很有信心，連飯店幾百位的服務員工都很配合，協助他們把自己的酒店結束掉。因為他們知道萬國主持的破產管理是真正公正的，也真正為他們的利益而努力。

經過三年的奮鬥，終於在一九八四年，財神酒店的破產程序在沒有引起任何爭議的狀況下，平靜地結束了。王澤鑑教授更稱這次案件為「法律人的光榮」。

那年正好是萬國成立十週年，他們用這個艱難又轟動社會的案件樹立了里程碑，也讓社會大眾目睹了萬國法律事務所優秀的專業能力。

律師培訓所，新人輩出

萬國是一間合夥的事務所，目標是希望能成長為本土的大型事務所，因此一直有開放合夥的計畫。他們很早就設計了初級合夥律師制度，做滿三年的律師可以當Junior Partner，滿六年以後，如果各種條件符合的話，就考慮讓他升為合夥律師。他們早期也曾認真考慮讓幾位律師加入合夥，可惜那幾位律師在萬國待了一陣子之後，最後都選擇離開。

雖然如此，事務所仍然不斷地物色適合的合夥人，也用心培育人才。隨著業務的擴展，新生代的律師也一一加入萬國，包括現任金管會主委的顧立雄。而原本擔任法律助理的黃虹霞，在考上律師後也留任萬國，從此沒有離開過。

對於新進律師的培養，萬國一直非常重視。他們建立了帶人的傳統，事務所不會把一個新進人員丟著不管，讓他自己摸索，而是讓新進的律師先接受資深律師的指導，循序漸進增加經驗，在一兩年之內都不須負責案件的成敗，等上了軌道後再讓他獨當一面。四位創始律師對教導新人都充滿了熱忱，他們帶的每個律師都獲益良多，因此萬國被戲稱為「律師培訓所」。

隨著人員增加，規模變大，萬國在經營管理上也有些調整。他們制定了更精密的專業分組，以四位創始律師帶頭分為四組，各自負責自己擅長的領域，並且自己選擇要帶的律師。例如：范光群帶顧立雄做訴訟，賴浩敏帶黃虹霞負責日本相關案件，黃柏夫帶詹森林做海商、保險案件，以及陳傳岳帶吳素華做非訟案件。從此事務所的分工更加完善。

唱黑臉當嚴師

由於賴浩敏敢說敢言的性格，事務所在面對不愉快的事情時，常常推派他出面發言。

之前蔡律師離開的時候，就是賴浩敏負責和他洽談退股；而當事務所的成員受到委屈時，也是由他出面討回公道。

（一）原來今天是鴻門宴！

有一位客戶專門做外國銀行代理業務，姓韓，來頭很大，跟很多名人都有交情。某次這位韓先生辦理新光銀行的貸款，找陳傳岳為他撰寫法律文件，結果韓先生不滿意做出來的成果，當場讓陳傳岳難堪。陳傳岳很生氣，但他個性木訥，不擅言詞，更不會罵人，只能先忍下來，回事務所後向賴浩敏抱怨。

賴浩敏聽得義憤填膺，說：「好，既然你嚥不下這口氣，我替你出頭！」於是他邀約韓先生餐敘，找了陳傳岳和幾位好友作陪，在天廚餐廳吃北京料理。酒足飯飽、氣氛正好的時候，賴浩敏就發難了：「韓大哥，平時你們很愛護我，我很感謝。不過，這一次新光貸款，你當場給我們陳傳岳難堪，這不是愛護的方法，我們覺得相當遺憾。」

韓先生說：「喔，原來今天是鴻門宴！」經過賴浩敏的柔性抗議，他以後的態度就比較尊重了。

（二）萬國培養出大法官黃虹霞

不但如此，事務所每次要開除人都找賴浩敏出面。所以，很多人都留下一個印象：「被賴律師找去談話，鐵定沒好事。」

當賴浩敏在指導新手律師時，因為他非常認真地想把年輕人教好，期望自然也很高，所以他也是最嚴厲的一個，總是最常罵人，也罵得最大聲。但是，年輕律師總是能感受到他在嚴厲外表之下深厚的愛心，而且學到的東西也最紮實。

賴浩敏不僅教年輕律師辦案技巧，他更注重磨練新手的人格。他以身作則，讓年輕人看到他如何不畏強權堅守立場，維護律師的尊嚴。

因此，很多律師就算離開萬國，最懷念的還是賴浩敏，認為從他這裡學到很多。在賴浩敏指導的年輕律師中，有許多人取得了非常高的成就。其中讓他印象最深，也花了最多心思的一個，是黃虹霞。

黃虹霞原本由范光群指導，後來因為賴浩敏的案件比較多，黃虹霞有心想學也學得很快，賴浩敏覺得配合得很好，最後很多案子就直接交給她辦。

賴浩敏對黃虹霞的評語是「快筆快手」（頭腦靈活，狀子也寫得很快）。而黃虹霞最特別的一點是她的獨立性很強，不願加入分組，寧可獨自作業。所以合夥人也不勉強她，讓她自己一個人一組，由賴浩敏指導。

年資漸長後，她對賴浩敏說：「賴律師，我想我以後有必要的事情才向您報告，其他的我就自己決定，不報告了。」

賴浩敏回答：「好吧，妳自己判斷。」

事實證明，黃虹霞對事情的輕重緩急確實拿捏得很好，不需要賴浩敏操心。

後來，黃虹霞經由律師公會推薦入選為大法官，成為第一個依照《司法院組織法》第四條：「曾實際執行律師業務二十五年以上而聲譽卓著者」入選的大法官，就任之後也頗受肯定。

（三）光釗，你要抱著考不上的覺悟去考

另外一位曾受賴浩敏指導的知名法律人是吳光釗。吳光釗還沒通過司法考試之前就已經在萬國了，每次考試他都要請假三個月準備，但考了很多次還是沒考取。

有一次賴浩敏就用了一招激將法，直接對他說：「光釗，我看你不要準備了。你那麼多次都考不取，看來是考不上了，所以你乾脆不要準備。但是，你還是要去考，抱著考不上的覺悟去考，唯一要注意的就是寫字要寫得比較清楚一點，字不漂亮沒關係，重要的是寫得清楚，讓人家看起來很順眼。你寫的字都黏在一起，這樣很不好，一定要改善。其他的就不用管了，隨便考就好，反正都考不上了還緊張什麼？」

只有賴浩敏敢對多次落榜的準考生說這種話。這話聽來很殘酷，賴浩敏卻有他的用意：他要用這劑猛藥去除吳光釗的緊張感。

結果這招出奇地見效，那一年吳光釗還是請假去考試，結果律師和司法官雙榜都錄取了。萬國其他合夥人想留他當律師，只有賴浩敏反對。

「光釗你不是當律師的料子，還是去當法官吧！」

吳光釗聽了他的忠告去當法官，果然成績斐然，一路當到最高法院法官，現在在高等法院擔任庭長。每年教師節，他都會寄教師卡來感謝賴浩敏對他的教導。賴浩敏也總是親筆回應。

除此之外，現任金管會主委顧立雄在剛進萬國的時候，第一個案子就是跟著賴浩敏辦的，他說曾經寫一個起訴狀被賴浩敏退回五次，印象非常深刻。

賴浩敏在萬國曾經同時指導三個組，但就算不是他的組員，律師們若來請教他的意見，他也一定傾囊相授。對他而言，為社會培養出更多優秀的法律人，也是回饋社會的一種方式。

第一個判銀行追償董監事敗訴的案例

賴浩敏認為法律人很容易犯一個毛病：只知僵硬地套用法律條文，卻不去思考法律條文背後的立法理由，以及將法律與社會現實連結。

以他承辦的一件案件為例，那時凡是公司向銀行申請貸款，銀行一定會要求現任的董監事通通寫保證書，成為連帶保證人，否則就拒絕放款。如果公司董監事改選，新當選的董監事也要再寫一次，改選幾次寫幾次。一旦公司屆期未償債，銀行就會向保證人求償。

而賴浩敏的當事人也是他的朋友，曾經當選某公司的董事，也簽了連帶保證書，然而當他卸任之後，公司沒有清償貸款，銀行卻跑來向他連帶求償，準備拍賣他的土地。

賴浩敏接下這案件後，正好對造銀行的律師跟他是舊識，他就去和對方協商。

「我覺得我們應該來爭爭看，法理上你們到底有沒有道理。我會叫我的當事人把等額的錢存在你們銀行，設定質權給你們，但你們必須停止拍賣。我們先進入訴訟，如果我們輸了，你們就用存款清償，如果我們贏了，你們就把存款還我們。」

對造律師同意了，他們正式進入訴訟程序。

其實，這個官司相當難打，因為按照慣例，這種案件銀行一向都會贏。

果然，第一審判賴浩敏的當事人輸，因為簽了連帶保證書，法官認定他必須負責連帶償還債務。

賴浩敏上訴到第二審，在高等法院裡，他告訴法官：「公司向銀行貸款，原本就應該以現任的董事、監察人作為連帶保證人，卸任的話當然就不必。但是，銀行在我當事人卸任的時候沒有返還保證書，結果等到多年之後，我的當事人都忘記了，銀行追錢追不到的時候，才從抽屜角落裡面把久遠以前的保證書拿出來向我的當事人求償，這是非常不符誠實信用原則，也不符合道理的。」

他再三強調：「我的當事人當董事的時候確實簽了連帶保證書，跟他一起當董事的人也簽了，但後來他卸任後，銀行又做了一份新的保證書名單，新當選的和連任的董事也都再簽一次，我當事人已經卸任就沒有再簽，這不就很清楚地表示前面的連帶保證關係應該解除？然而，地方法院只憑連帶保證書就認定我當事人要負責，明顯偏向銀行。現在的銀行已經夠強勢了，借款人和消費者都任銀行宰割，法院要是再偏向他們，對弱勢的社會大眾非常不公平。法院應該思考，要如何引導這不健康的金融秩序？要讓它往哪個方向？所以，這個判決不只是用來解決單一個案的問題，而是將來金融秩序的指標。」

這番話說服了法官，判銀行敗訴，上訴最高法院仍然維持原判。這是相關案件中第一個判銀行敗訴的例子，讓賴浩敏有一點成就感。

最重要的是，以後銀行再也不敢對已經卸任的董監事求償了。

賴浩敏認為，法院判決不該只是追求安定性和妥當性，還有領導社會進步的作用。如果法院疏忽了這點，律師就該發揮專業提醒他們，而這也是萬國一直自我期勉的方向。

萬國十年新氣象

萬國成立短短十年，就建立起相當的名聲與地位。不但前來求職的律師絡繹不絕，也引來了其他大型法律事務所的目光。

（一）「常在」和「國際通商」法律事務所主動來洽談合併

以辦理非訟業務為主的常在法律事務所和國際通商法律事務所，曾經先後找上萬國洽談合併的可能。

當時，萬國和常在的合併一度差點談成了。萬國的合夥人中，三位是司法官轉職，而賴浩敏本來就是訴訟律師，所以他們特別專精訴訟，而且以本國業務居多；常在則以非訟國際業務為主，兩家事務所合併正好可以截長補短，成為更全面性的事務所。

當初常在和萬國洽談的時候，談的是完全合併，連名稱都談妥了，叫做「萬國常在」，感覺非常響亮。但是，最後還是因為雙方的經營理念，以及一些條件未能談妥，終究沒有成功。

而國際通商在台灣的事務所也曾經和萬國洽談，希望萬國的合夥人全部加入他們，把整個萬國併入國際通商。

這個提案對萬國相當有吸引力，因為合併之後，萬國所追求的「國際化」馬上就可以實現了。但是，他們轉念一想，合併之後萬國就變成國際通商的台灣分店，而萬國的創始理念，是「想用本土的人員在本土建立一個屬於本土的、綜合的，同時經營國際性事務的大型法律事務所」，而不是變成國際律師組織的一環，因此他們最後還是拒絕了。

雖然合併沒有成功，但由於這兩次合併都是對方主動提出，就可以看出這時的萬國已經具有相當程度的知名度和公信力。當初被人預言撐不到三個月的事務所，不但屹立了十年，而且已經在法律界佔有一席之地，達到了一所大型律師事務所的規模與能力。

（二）搬到芙蓉大樓，專業分組更加明確

經過十年的發展，萬國在明生大樓九樓，以及後來增加的七樓辦公室又不敷使用，於是大家又開始尋找新的辦公室地點。

最後黃柏夫在仁愛路看到一棟剛蓋好的芙蓉大樓，一層約七百坪，面對台北市最寬廣的林蔭大道，非常氣派。他認為這是他們新辦公室的理想地點，於是立刻向合夥人提議。大家考慮之後，同意了他的提案。

一九八五年六月二十日，萬國搬到芙蓉大樓十五樓，也就是事務所的現址，展開了另一個階段。

為了因應人員的增加，萬國的專業分組更加明確，本來是四組，這時增加為六組：國際貿易組、國際投資暨貸款組、海商保險組、公司票據暨勞工組、商標專利暨著作權組、強制執行暨不動產交易組。每組有資深律師當組長，上面由創所律師指導，並協助跨組辦案的協調工作。

當時的作業方式是由創所律師帶進案件，並將案件交辦，由承辦律師向他們報告進度與狀況，當承辦律師足夠熟練，得到創所律師信任後，承辦律師獨立判斷做決定的的權限也隨之提高。

萬國搬到芙蓉大樓後，在非訟領域有了明顯的成長。之前在明生大樓的時候，主要都是陳傳岳一個人主辦，因為他曾經在擅長非訟案件的常在法律事務所任職。但是，非訟案件都很複雜，只有一個人處理實在很辛苦。搬到芙蓉大樓之後，事務所不但有了專辦非訟案件的律師，還發展出針對不同非訟業務的組別，並且請非法律背景的專業人士加入。

一九八九年，萬國聘請了他們的第一位專利工程師蘇宜益。藉著蘇宜益的經驗和知識，萬國建立起他們的專利部門，也在業務擴展上更上一層樓。

（三）不需要被購併，也能走向國際

為了讓萬國真正走向國際化，他們時常參加國際法學會議，認識國外的律師，以打開國際知名度。此外，還要特別拜訪個別的事務所，加強聯繫；同時還印製精美的手冊介紹萬國。為了讓外國知道萬國法律事務所，合夥人們提著皮包跑遍了全球。

一九八六年黃柏夫在新加坡遇到美國一位律師 Mr. F Kingston Berlew。兩人都認為應該要成立一個世界性的律師組織以互相合作，隨即他們又找了日本與德國幾家事務所一起討論。

第二年，大家在倫敦聚會，決定成立一個名為 World Law Group 的法律集團組織，並於一九八八年在台北舉行成立大會，由黃柏夫負責大會的籌備工作。

這個組織後來發展得非常成功，每年兩次在世界各地輪流舉行大會，至今已經有四十八家律師事務所，上千名律師參加，大家互相支援合作。

從此萬國的觸角擴展到世界各地，透過每年的聚會，與各地的律師建立深厚的友誼，以及合作基礎。

上：萬國四位創所律師（左起：黃柏夫、陳傳岳、賴浩敏、范光群）。本圖來源：2009 年 10 月 22 日《看雜誌》封面人物——〈台灣律師界鐵四角的故事〉。

下：2014 年萬國四十周年慶祝酒會上創所律師及夫人合影（左一、二為陳傳岳夫婦，右一、二為范光群夫婦）。

萬國高球隊於沙巴球敘（右四為賴浩敏）。

萬國也曾先後和法國與加拿大的法律事務所合作，共同開拓跨國業務。證明了萬國不需要被購併，也能走向國際。

在經營十五年之後，萬國已經成為台灣前五大的事務所。但其他大事務所多以非訟業務和外國業務為主，只有萬國是以本土的訴訟業務為主。因此，若論本土第一大的法律事務所，非萬國莫屬。賴浩敏等萬國的四位創所律師也開始被外界冠以「律師界的鐵四角」的響亮稱號。

民間參與不缺席

雖然事務所工作繁忙，賴浩敏並沒有變成一個只有工作沒有生活的人。他仍然會利用閒暇時間發展自己的興趣，參與更多社團活動。

（一）台北延平扶輪社裡的 P.P. Right

賴浩敏參加的其中一個重要社團，是台北延平扶輪社。

扶輪社是由一位美國律師 Paul Harris 於一九〇五年在芝加哥發起的。創立目標是讓不同職業的專業人士交換服務，互助合作，各取所需。因此，扶輪的宗旨就是基於真實、公平、兼顧彼此的利益，以及培養友誼的原則，服務人類社會。

賴浩敏聽過幾位參加扶輪社的台大前輩向他介紹扶輪社，覺得這個社團很有意義。可以貢獻自己的專業，也認識更多人，甚至將觸角拓展海外，很符合他的需求。

在一九七六年，延平扶輪社正在發起階段，賴浩敏在台大的學弟江鵬堅本身加入了士林扶輪社，他對賴浩敏說：「你想不想加入延平扶輪社？我可以幫你推薦。」

③ ② ①

① 扶輪社友拍攝，時年六旬的賴浩敏。
② 賴浩敏擔任延平扶輪社社長（攝於就職典禮）。
③ Right 社長伉儷以和諧美妙的歌聲，揭開扶輪社聖誕晚會序幕（攝於 1991 年）。

賴浩敏說：「好啊，我覺得這社團很好。」

於是他成為延平扶輪社的發起人之一，雖然又多了很多額外的責任，但他覺得很值得。

他之前已經參與創辦了中國比較法學會，但法學會是學術性質的社團，會員也全都是法律人。而扶輪社嚴格規定同一職業的會員不能超過百分之十，他可以接觸很多不同職業的人，擴展他的視野。扶輪社的會員們除了定期聚會、做社區服務外，社友也會不時結伴旅遊或運動，培養出深厚的友誼。

扶輪社友幫賴浩敏取的暱稱叫 Right，權利，因為他為當事人捍衛權利。同時，因為賴浩敏護照上的英文姓被按照日本發音寫成 Rai，發音與 Right 相近，加上他的

風度翩翩，是大家心目中的 Mr. Right（白馬王子）。還有社友表示：「P.P. Right 是一個非常認真、嚴謹的人，而且機智、果敢，就像電影裡的『教父』。」更有人打趣地說：「Right is always right.」

而會員之間如果有人需要法律服務，也會直接找賴浩敏，對他的事業也大有幫助。因此，賴浩敏不僅自己投入扶輪社活動，也常鼓勵萬國的律師參加扶輪社。

參加扶輪社活動亦替賴浩敏帶來了一個意想不到的收穫，那就是他的台語能力變好了。由於延平扶輪社是以台語為主流的社團，賴浩敏便在參與的過程中磨練自己的台語能力，從聽不懂幾句台語的生手，變成能以十分輪轉的台語參加演講比賽。

順帶一提，扶輪社這個他所加入的第一個民間社團，又為他日後在從事公益之路，引領到不同領域。從一九七七年參與創設延平扶輪社；一九九一年到一九九二年擔任社長；一九九三年在社友張章得力邀下加入關懷生命協會，為動物保護議題出聲；又在因緣際會下注意到鑑識科學的重要性與人才的短缺，開始倡議並促成利用創社社長 CP 胡秀山先生紀念基金會所設立的獎學金，資助中央警察大學鑑識科學研究所、支持成立社團法人台灣鑑識科學學會、鑑識科學圖書中心，為國內培養無數法醫鑑識科學人才。

（二）「中華職棒聯盟」創辦人之一

除了參加扶輪社的活動外，賴浩敏還有一個重要的消遣：打棒球。

從還在讀建中的時候開始，棒球就成為賴浩敏最愛的運動，他在東京大學留學的時候，還常和同好去打壘球，而且是個很好的打擊手。

然而，回國之後，因為工作太繁重，無法再和朋友組隊打球，只好改為看球賽、關心棒球新聞和打室內機消遣。

到了一九八九年，賴浩敏和兄弟飯店負責人洪騰勝，以及台北體專（現在的台北市立大學）總務主任林敏政，三人合力創辦了「中華職業棒球聯盟」，由洪騰勝負責招兵買馬。所以，洪騰勝被稱為「台灣職棒之父」。

要創辦一個聯盟組織，需要先參考外國的規則，他們參考了日本、韓國、美

賴浩敏參與創立「中華職棒聯盟」，除了源自於法律人的專業與熱忱之外，更有一份從年少就熱愛棒球運動的深厚情感。

國職棒的文書，並設計出自己的制式文件：包括職棒聯盟的組織章程、職業棒球選手契約書等。為解決球團與球團之間、球團與球員之間可能發生之任何爭執，或互相發生不能順利解決之問題，也設仲裁委員會。由於五位仲裁委員當中只有賴浩敏是法律人，所以眾人公推他擔任主任委員，指導大局。其他四位仲裁委員分別是教育部體育司的簡曜輝司長，號稱棒球點子王的中華職棒中信鯨隊前總教練林敏政、國泰醫院院長陳楷模，還有一位記者賴山水。

這個仲裁委員會處理了很多件仲裁案，其中一件是俊國熊的日籍教練和球團產生糾紛，到了仲裁委員會，日本教練似乎非常擔心委員會會偏袒

2009 年台中球場明星賽事，賴浩敏（右一）與當時總統夫人周美青（右三）、中華職棒聯盟會長趙守博（右二）、台中市長胡志強（左三）、副市長蕭家淇（左二）合影。

自家人，賴浩敏直接用日文告訴他：「你不要懷疑我們的公正性，我們會做給你看。」後來仲裁的結果判俊國熊輸，老闆必須賠償，日本教練非常滿意地回去了。

所以，那時職棒的糾紛很少鬧上法院，更不會弄到滿城風雨。因為契約規定打官司之前要先經過仲裁委員會，而案件總是在仲裁委員會就解決了。

在早期，中華職棒聯盟的會員都是球團相關人士，個人會員必須經由球團推薦。賴浩敏在洪騰勝的兄弟象球團推薦下，成為個人會員，擔任常務監事。

聯盟的第一任會長是棒球協會理事長唐盼盼，唐盼盼卸任後，聯盟多次詢問賴浩敏有沒有意願擔任會長，賴浩敏一律婉謝。他始終謹守他的原則：只做事，不領頭銜。

後來賴浩敏辭去常務監事的職位，聯盟還是請他擔任理事。

雖然中華職棒一路走來經過許多風雨，也傳出不少負面新聞，賴浩敏對職棒的深厚感情仍然沒有改變。即便已經不再擔任主導職務，他仍然維持著職棒聯盟會員身分，每年固定繳一萬元會費，默默地守護著他參與創立的職棒。

光復台北律師公會

一九九〇年四月八日，台北律師公會在國軍英雄館舉行年度會員大會，改選第十九屆理監事及全聯會代表。才早上七點多，整個會場已經擠滿了人，全都是律師在排隊等投票。他們都是充滿熱情的在野派律師，想要用選票改變律師公會長年的弊端。

律師公會向來分為執政與在野兩派，不斷鬥爭。執政派是軍法官退下來的軍法派律師，多半是來自中國大陸，背後有國民黨支持。在野派則是本地出生，從文學校（泛指從法學院本科畢業，後組織成文學校聯合團與軍法派律師分庭抗禮）畢業的年輕律師，時常被執政的老律師打壓。

但是，經過一番努力，一九七六年賴浩敏以在野的身分拿下台北律師公會第十四屆的理事，一九八一年更當選第十六屆五席常務理事之一，同一屆陳傳岳也成為理事之一，對當時的在野派來說，已經是了不起的成果了。

至於律師公會全聯會，來自中國大陸的理監事完全不用改選，只有台灣選出的理監事每屆改選。但是，外省籍的老律師始終處於多數，加上國民黨的支持，外省籍把持了整個律師公會。

在賴浩敏的記憶中，無論是全聯會還是地方公會，執政的老律師與在野的年輕律師之間的鬥爭，已經變成了名副其實的「惡鬥」，每次開理監事會都會發生暴力事件。有一次在中山堂，律師們為了擠到台前，還發生人疊人的驚人景象。

每次選舉，文學校的律師都選輸，因為很多年輕律師對律師公會失望，不願意去受氣，寧可專心執業，而不參加活動，造成文學校律師動員不佳。相反地，軍法派律師則是利用公會執政的優勢，還有國民黨協助他們拉票，因此每次改選都大勝。

到了一九八九年，情況終於有了改變。那年律師高考錄取率大增，一次就錄取了二百八十八人。這些人加入公會後，文學校律師人數大增，軍法派的人數優勢不再。而年輕律師也都一心想改革律師公會，首先由拿下理監事選舉開始。

經由蘇煥智、黃瑞明和顧立雄的召集，文學校律師組織起來，決心要光復台北律師公會。他們原本推舉陳傳岳出來競選理事長，但陳傳岳推舉了台灣國際專利法律事務所的林敏生律師。

在林敏生的領導下，他們組成了「文學校聯合團」（簡稱「文聯團」）正式引進組織戰和文宣戰，把所有的律師資料輸進電腦做交叉分析，文宣也做得很活潑專業。

進行一兩個月後，陳傳岳問林敏生對結果的預測。當時總共有三十八個席次，文聯團的目標是希望能拿下半數的席次，林敏生卻斬釘截鐵回答：「我們可以拿到三十八席。」讓陳傳岳大吃一驚。

到了四月八日投票當天，許多年輕律師很早就到達國軍英雄館，沒想到許多在野派的老律師更早就到了。他們長年和執政派鬥爭，不斷受挫，這次被激起了鬥志，決心要用選票表達他們的意志。

最後開票結果，果真是三十八比零，文聯團大獲全勝。林敏生當選理事長，陳傳岳當選常務理事，黃虹霞當選常務監事。

而原本只有常務理事輪值，沒有理事長的律師公會全國聯合會，也在賴浩敏的用心及努力下終於更改章程，選出了理事長。日後賴浩敏的連襟——萬國法律事務所創所律師范光群曾出任台北律師公會理事長，並在任內購置了現在公會的會址，其後亦擔任全聯會理事長。同為萬國法律事務所創所律師的陳傳岳，也先後出任台北律師公會及全聯會理事長。

從此律師公會不再由政府控制，總是對政府提出法制、憲政上的建言，一步步推動了台灣的民主改革。而萬國在這個過程始終扮演著舉足輕重的角色。

吃力不討好的慰安婦賠償事宜

當衛藤瀋吉教授朗讀日本內閣總理橋本龍太郎的道歉信時，慰安婦阿嬤哭了出來。

「這麼多年來都沒有人來關心我，真的沒想到日本首相會來跟我道歉！」

日本在二次大戰期間，曾經在各佔領區強徵慰安婦，造成包括台灣、韓國、菲律賓及荷蘭各國婦女極大的痛苦，因此聯合國對日本抗議，要求對受害人做出補償。

於是日本於一九九五年成立「有關女性的亞洲和平國民基金」（日文原文直譯），簡稱「亞洲女性基金會」，負責處理對各國慰安婦的賠償事宜，會長是日本前內閣總理村山富市。

亞洲女性基金會的做法是，關於慰安婦的身分標準，由各受害國家指定機關認定，台灣部分就參照台北市婦女救援基金會（婦援會）的認定。凡經認定的慰安婦，會轉交當時日本內閣總理橋本龍太郎的道歉函，並致送兩百萬日幣的精神慰撫金跟三百萬日幣的醫療、修繕福祉金，共五百萬日幣。

然而，這個做法造成了極大的爭議，因為致送的款項是來自日本民間募款，而非日本國庫，因而引起各國政府及輿論的抨擊，也有許多慰安婦抗議，認為日本政府想迴避正式國家賠償，以民間捐款私了。韓國甚至禁止亞洲女性基金會人員入境。

在台灣，婦援會也極力抨擊亞洲女性基金會，並勸說慰安婦阿嬤們不要接受補償金。因此，當負責辦理台灣賠償工作的東大教授衛藤瀋吉（因為出生在瀋陽而得名）在一九九七年來到台灣時，台灣沒有人願意當他的交涉窗口。

在日本台灣交流協會的建議下，衛藤瀋吉找賴浩敏幫忙，賴浩敏一口答應接下重任。

他接下這吃力不討好的工作，是因為他認為身為一個律師，理所當然要幫忙扶助弱者。基於人道考量，更應義無反顧。

慰安婦阿嬤們年紀都已經很大了，至少七十歲，而且生活貧困，孤苦無依，非常需要經濟上的援助。

雖然以國家的立場，希望日本以政府的名義道歉賠償，但一來台灣和日本沒有邦交，日本在法律上並未承認台灣是獨立國家，日方不可能以「國家」立場來賠償；二來在一九五二年的《中華民國與日本國間和平條約》（簡稱中日和約）中，國民政府已經放棄原本《舊金山和約》規定的，向日本政府求償的權利。所以，要求日本的國家賠償，在實務上非常困難，是一件耗日費時的工作，而慰安婦阿嬤們已經沒有時間再等了。

賴浩敏認為接受亞洲女性基金會的補償金是最實際的做法，因此同意擔任窗口，並負責轉交道歉函與補償金。但他也考慮到日後的權益保護，所以他協助的前提是：接受補償不等於放棄法律上的權益，包括向日本請求國家賠償及向法院提起訴訟之權利，且日後日本政府如果修法或訂立國家賠償特別專法，台灣的慰安婦阿嬤們仍然有權向日本政府提起訴訟求償。

衛藤教授提醒賴浩敏：「賴桑，你接下這個工作，一定會受到很大的壓力，會被各方攻擊非難，你的名聲也會受影響，你有心理準備嗎？」

賴浩敏毫不猶豫地回答：「當然有。」

他認為，只要是做正確的事，就沒有什麼好怕的。就算因為跟政府與主流民意對立，而被罵不愛國，也沒有關係。

他帶著衛藤教授和基金會的代表，以及幾位律師，一家一家地拜訪慰安婦阿嬤，用日文和阿嬤們溝通，致送亞洲女性基金會的補償金，並朗讀橋本內閣總理的道歉函。

他們的行動果然召來了反彈，婦援會開了記者會大罵亞洲女性基金會，自然連賴浩敏也一起罵，很多人打電話到萬國去抗議，讓事務所的同仁們很困擾，作家李敖幾乎天天在自己的節目上指責賴浩敏，婦援會還有人準備到萬國去丟雞蛋，幸好被婦援會的董事莊國明律師勸阻。

「賴律師是好人，大家不要這麼衝動。」

在賴浩敏的奔走下，有數位慰安婦阿嬤收下了亞洲女性基金會的賠償金。不過後來因為各界義賣募款捐助慰安婦阿嬤們，要求她們拒絕日方的二度傷害，據說還有政府相關單位向慰安婦阿嬤們施壓，如果領取日方的補償金就會失去某些福利，以致其他的慰安婦阿嬤們沒有收下賠償金，而亞洲女性基金會也在二〇〇二年終止這項補償工作。

雖然背負罵名，賴浩敏並不後悔。無論如何，至少這次的工作讓慰安婦阿嬤們確實得到了經濟上的支援。

至於何時才能得到日本政府正式的道歉和賠償，只好等到政治問題解決後再說了。

（一）積極尋找接班人

一九九一年，萬國舉行了一場別開生面的儀式：頒給顧立雄、黃虹霞、詹森林、呂榮海與陳彩霞五位律師一人一把純金鑰匙，象徵他們進入萬國的大門，正式成為新的合夥人。

萬國之前就一直嘗試邀請優秀的律師加入合夥，但幾次都失敗了。這次他們再度開放合夥，大前提有三：第一是要熟悉並認同萬國文化，第二是品格與人格都信實，受到肯定，第三，專業知識當然要在水準以上。

因此，這次的開放合夥，萬國不再邀請外界的律師進來，而是在事務所內部挑選，並且一次開放五個名額，以後便不再開放。之所以決定五個名額，是為了讓新合夥人比舊合夥人多一些，才能增加新氣象。

新的五位合夥人中，顧立雄、黃虹霞和陳彩霞本來就在事務所工作，詹森林和呂榮海雖然是來自其他事務所，但他們也曾經當過萬國人，同樣能適應萬國文化。

由於當時呂榮海已經在中國合法設立一間律師事務所，合併之後這個事務所也由萬國接收。藉著這個事務所，萬國開始對中國市場有初步的接觸和認識，可以作為日後進入中國市場的重要參考。

可惜的是，一九九一年的新合夥只維持了一年左右。詹森林選擇到台大法律系當教授，呂榮海當上公平交易委員會的委員，顧立雄決定自行創業，三人都離開了萬國。黃虹霞則認為萬國應該要回到之前四個創所律師百分之百掌控的狀態，因而主動退出。於是四位創業律師只好說服陳彩霞也退出，又回復到之前四人經營的狀況。

這次開放合夥失敗，加上之前的一些狀況，讓創始律師發現他們在培養接班人上碰到了瓶頸。他們甚至做了最壞的打算：四個人一生盡力維持萬國，萬一不得已的時候就維持到生命的終點，如果他們離開人世，就讓萬國也跟他們一起結束。

話雖如此，為了避免最壞的狀況成真，他們仍然積極地尋找接班人，想要把萬國傳承下去。

在其他合夥企業，常常發生合夥人緊抓著既得利益不願放手，而產生糾紛的狀況。萬國卻恰好相反，四位律師非常渴望真正地開放合夥，把權力全部交出去，完成萬國的世代交替。

（二）做一些資本主義上的修正

幾次的失敗，讓四位創所律師開始思考，萬國的經營制度似乎有些問題。他們原本是以彼此的感情和信任為基礎，四位合夥人「equal share」，而下面的律師、法律助理與祕書的薪水也是幾乎差不多，因此共產主義的色彩很濃厚。薪水、年終獎金都是按照年資固定發放，工作獎金則是按照合夥律師的主觀，或是參考組長的建議發放。

因此，萬國的同仁待遇不見得比其他事務所好，造成不少人才被別的事務所挖走。當然，也有人因為喜歡萬國的氣氛，認同萬國的文化，不管給多少薪水都挖不走，讓合夥人們非常欣慰。

但是，他們仍然不得不承認，人性還是有弱點的。其他成員畢竟不像四位創始律師一樣有革命情感，自然不可能像他們一樣凡事不計較，一切平權、平分。有些人就會覺得：「反正不管我再怎麼努力，拿到的錢都是一樣，所以我乾脆就打混摸魚吧！」

因此，有些同事上班時間都在喝茶、看報紙、聽音樂，有人卻是忙到加班事情做不完，領的卻是一樣的薪水，的確有失公平。

萬國搬到芙蓉大樓之後，這方面的問題愈來愈明顯，人才外流與斷層日漸嚴重。於是賴浩敏和陳傳岳提出，他們應該採用一般企業的經營觀念和方法，做一些資本主義上的修正，畢竟那時萬國的規模已經相當於一所中小企業，必須適當地企業化。而且人性本來就有追求利益的一面，不是對不對的問題，而是需不需要的問題，這點在經營上也必須加以考量。

這個提議在合夥律師之間產生激烈的爭辯。范光群強烈反對，他認為萬國的文化本來就是這樣，一旦加入資本功利的法則，整個文化就變了。

他們並沒有急著下決定，而是花了幾年的時間慢慢地溝通，說服范光群，最後他們終於達成共識，逐漸改變經營策略，讓員工的酬勞納入了「業績」的考量。由原本的領固定薪水，改為以各組的業績計算，各組扣除自己的成本，包括人事成本以一定比例的租金，剩下的利潤再由組內成員分配。

他們一方面要維持萬國的文化，包括不注重金錢、關心公益，又要考慮人員在經濟利益上的需求；在實踐上確實不容易，只能一點一點地去調適。

雖然賴浩敏難免懷念當初創業時的革命情懷，但他也明白，經營事務所必須與時俱進，做出調整是不可避免的。

進入第三個十年後，萬國已經培養出一群實力堅強，又認同事務所理念的新生代律師，於是萬國在二〇〇〇年正式開放新合夥，重新加入了顧立雄、郭雨嵐、程春益、張嘉真、林雅芬、黃三榮、林發立、黃帥升八位合夥人，四位創始律師

① 1986年，家庭三代攝於台北家中（左起：賴浩敏、小女兒君儀、古登美、大女兒貞儀、賴母范九妹女士、兒子致偉）。
② 1987年，全家人參加長女貞儀（右二）大學畢業典禮。
③ 萬國時期，家族攝於祖屋慈園（最後排左一為賴浩敏，前排右一為妻子古登美）。

再也不用擔心萬國的傳承問題，肩上的重擔放下了一大半，不用再像剛成立時那樣拚命工作了。

賴浩敏原本和妻子古登美約定好，等他滿了七十歲就要退休，陪她遊山玩水。然而，就在他七十一歲那年，前後相隔不到一年的兩張總統任命令打亂了他的計畫。賴浩敏只得延後了和另一半的約定。

大家恭喜
西川堂
慧園

Chapter

4

公共事務不缺席：從委員到院長

「怎麼可能？總統，您有沒有搞錯？」

在面對馬英九總統提名出任司法院長時，賴浩敏意外極了，不假思索地冒出了這句話。

在台灣的司法史上，律師出身的司法院長前所未見。此外，對這輩子以「做事不做官」自許、從未對仕途起心動念的賴浩敏而言，更是想都沒想過的人生選項。

然而，冥冥之中似乎又有跡可循，細數賴浩敏一路堅持改革，以能言敢言的作風積極參與公共事務，穩健果斷的步伐不曾猶疑，自然邁向了司法的最頂峰——司法院。

2010 年，賴浩敏出任司法院院長，成為台灣司法史上第一位「律師出身」的司法院院長（左為時任總統的馬英九）。

一步步，投身公共事務

（一）滿屋滿櫃的聘書、證書

「這只是其中一部分，當時會答應各單位邀聘，單純只為奉獻所學，別無他圖，所以也沒有刻意把聘書、證書保存好……」賴浩敏輕描淡寫地說。

一張張聘書、證書散見各處，在賴浩敏書房內各據一方，為了替歷史的軌跡理出頭緒，賴浩敏家人與祕書東翻西找，從抽屜到書櫃四處搜尋，試著羅列出各時期、各單位或各「不可考」年代的應聘文件，然而，賴浩敏本是抱持回饋社會、報效國家的心情，欣然接受這些「無給職」，並不特別重視證書的留存，所以即便翻箱倒櫃也未能找全。時隔多年，只能憑藉記憶，與留在祕書那兒的資料，拼湊出過往的足跡了。

早在參加律師公會改革時，賴浩敏能言、敢言的作風即讓人留下深刻印象，並獲得相當多好評與肯定。漸漸地政府單位登門造訪，邀聘他參與法律顧問會議、研商機關法制化相關辦法。面對這些無償的工作邀約，賴浩敏不僅高興應允，也覺得非常自豪。

「我經濟無虞，有無給付當然不是問題，有機會對社會有所貢獻，盡一份讀書人應盡的責任，家人及我都頗感驕傲。」賴浩敏說。

他常對學生、後進交代：「為人應當盡心盡力，做什麼像什麼！」當然，賴浩敏自己更是奉行不阿。

聘書一字排開，頒發單位來自勞工委員會、中華民國仲裁協會、中央選舉委員會、國家發展會議、中央廉政督導會報、國家資產經營管理委員會、總統跨黨派小組遴選委員會、外交部訴願審議委員會等公部門。

一九七五年，任公務人員保險監理委員法律顧問會議主席一職始，賴浩敏就歷次應勞委會（現勞動部）之聘，擔任勞工法規研訂小組委員、勞委會委員、顧問，中央健保局法律諮詢委員、全民健康保險監理委員。

外交部、銓敘部、中央選舉委員會、行政院國家資產經營管理委員會等公部門亦是多次邀聘單位。

而在與日本交流上，除成立日本獎學金留學生聯誼會、東京大學台灣校友會，日僑台日文化交流會，並應亞東關係協會（現「台灣日本關係協會」）之聘，長期貢獻己力。

其他如擔任中華職業棒球聯盟常務監事及仲裁委員會主任委員、台北市延平扶輪社社長、關懷生命協會常務理事等等。

年序自民國六十年代始，橫跨幾番政黨輪替，數十年累積下來的證書自是可觀，在在象徵著賴浩敏一路走在維護公益、投身公共事務的步步印記，也再次證明了賴浩敏公正耿介的行事風格，朝野有目共睹。

（二）參與勞工法規研訂

其實早在成立萬國法律事務所之初，賴浩敏和范光群、陳傳岳、黃柏夫四個創所律師對於法律人的社會責任，就抱持一致的關切。

「作為一個法律人，一方面是自己執業，另一方面也有他社會公益的功能，而且是全事務所長期投入。」當年事務所取名「萬國」，並在萬國的英譯名前加上英文「Formosa」（福爾摩沙），就有自我期許關懷台灣社會、走向國際化的理念。

對外，四個人都各依所長兼任一些政府機關的顧問。如賴浩敏因公正形象受肯定，即被邀請擔任中華民國仲裁協會仲裁人、中華工程仲裁協會法規委員會主任委員、台灣律師懲戒委員會委員、中央廉政督導會報委員、中華民國律師懲戒覆審委員會委員長等職。

一九八五年，當時的內政部長吳伯雄向賴浩敏表示，想成立勞工法規研訂小組，徵詢他的意願。賴浩敏二話不說一口答應。

之所以應允勞委會邀聘，參與勞工法規研訂，主要是因為賴浩敏曾在文化大學勞工系教過書，對勞資議題特別有感，加上畢業學生已有人派赴到內政部勞工司（一九八七年改制升格為行政院勞工委員會，二〇一四年再改制升格為勞動部，以下簡稱勞委會）任職，相關事務更常放在心頭。

一九八七年，內政部勞工司改制，升格為行政院勞工委員會，由鄭水枝擔任第一屆主任委員，情商賴浩敏繼續擔任法規會委員。

一九九〇年，時任勞委會主任委員的趙守博聘賴浩敏為勞委會法律顧問，並以專家身分擔任勞委會委員。

之後接任的謝深山、許介圭、詹火生、陳菊等數任主任委員，也都認為他做得有聲有色，所以持續聘任他。因此，賴浩敏一直以委員身分在勞委會服務，前後長達二十餘年，直到二〇〇五年組織內部人事更迭異動，認為有些事務與原則相互牴觸，這才辭退了續聘委員之邀。

儘管李應元主任委員表示希望其以顧問身分繼續指導，之後的盧天麟主任委員甚至寄了一張顧問聘書，但不在其位，不謀其政，賴浩敏也就漸漸淡出勞工議題了。

（三）國家發展會議與跨黨派小組遴選委員會

一九九六年，中華民國舉行建國以來第一次總統、副總統直選，李登輝及連戰分別當選正、副總統。李總統就任之後，為健全憲政體制、加速經濟發展及增進兩岸關係，於十二月二十三日到二十八日召開國家發展會議，由連副總統主持，蕭萬長、張俊宏、李慶華、黃昆輝及賴浩敏分別代表各黨（派）擔任副召集人（五人小組；賴浩敏是三黨一派之無黨派代表）。

最後，該會議共達成一百九十二項共識，其中最重大的決議是「省虛級化」，即所謂「凍省」。

二〇〇〇年，總統陳水扁為凝聚全民共識、促進族群和諧、維護台海和平及發展兩岸關係，特別敦請李遠哲召集跨黨派會議。

李遠哲任跨黨派小組召集人後，隨即打電話給當時人在日本出差的賴浩敏，表示要成立跨黨派小組遴選委員會，請賴擔任遴選委員會的召集人，與楊國樞、麥朝成、高志尚、蔡英文等五位委員負責分別自黨政界、學術界、企業界、公正人士等社會各領域遴選出席跨黨派小組會議之代表人選。面對台灣民主化的重要歷史時刻，向來擔心司法、關心國事的賴浩敏自然當仁不讓。

時光荏苒，之後陳水扁、馬英九相繼主政，執政黨由藍而綠、由綠而藍幾經更迭，不變的是賴浩敏仍舊被委以相關職務。他無黨無派，卻有滿腔憂國憂民的熱血。

只有黑與白，沒有紅綠藍

在投入公共事務路上，難免碰到政治傾向不同、朝野對立、黨派分屬的問題，常叫人左右為難。基於凡事直言不諱，且只從專業做出考量，聲名遠播的賴浩敏常遇各黨派找他商量、請益，於是，出於嫉妒或羨慕的閒話便悄悄滋生了。

縱使藍營說他綠，綠營說他藍，甚至還有人譏諷他「藍綠通吃」，對賴浩敏而言卻都不成問題，因為他只問是非黑白。

早在學生時代、創業初期，他對政治便一直保持著「關心但不過於涉入」的態度，他認為不問黨派、只問是非對錯的持平立場，正是扭轉台灣長期以來非藍即綠、非綠即藍的偏狹政治生態最需要的。

而賴浩敏不偏不倚的政治立場，在擔任中央選舉委員會委員時，最是表露無遺。

（一）反對公投綁大選

二〇〇三年，賴浩敏因反對在全國性大選時操弄公民投票，亦即「公投綁大選」一事而挑戰了當權者。

二〇〇八年，他也表明立場，反對一階段投票。

當時兩黨各自提出公投案，民進黨提出「立委選舉綁討黨產公投」、「總統選舉綁以台灣名義申請加入聯合國」二案；國民黨則提出「反貪腐公投」與「以中華民國名義重返聯合國」。朝野兩黨均有算計，企圖透過公投議題讓大選過關。

不問黨派，但問合理與公平的賴浩敏堅持回歸選舉初衷，他無懼於各方壓力，清楚表示：「站在選務立場，投票流程區隔得愈清楚，選舉結果愈正確。要把公投和大選混在一起投，我不知道有何目的！」

沒有黨籍就沒有包袱，更深入探討賴浩敏仗義執言的法律人性格，其實可從過往幾件事蹟一窺端倪。

（二）莊海樹國代放棄日本國籍案

其一，是賴浩敏抗議中選會堅拒日僑莊海樹當選就職一事。

話說在國大代表進行僑選時，一位具有台、日雙重國籍的僑領莊海樹當選國代，當時規定「當選人兼具外國國籍者，應於當選後就職前放棄外國國籍。逾期未放棄者，視為當選無效。」於是，中選會依《選罷法》規定，要求莊海樹在宣誓就職前放棄日本國籍，否則依法不得就職。

莊海樹接受安排，並慎重其事地請律師依規定向日本東京法務局申請放棄，結果案件卻遭駁回。

日方的駁回的理由是：

「日本政府有義務使日本國民不要變成無國籍難民，雖說申請者自稱有台灣籍、中華民國籍，但日本不承認中華民國這個國籍，所以莊海樹的放棄是不被接受的。」

其實深究日本的法規，放棄國籍本是採「報備制」，並非核准制或許可制。由於中華民國國籍不被日本承認，莊海樹的申請報備因而被駁回，而沒能完成放棄。

中選會擬依其報備駁回的結果，拒絕莊海樹宣誓就職。

賴浩敏在審查會上表明反對立場！

「你為什麼反對？」中選會委員詢問。

「大家想想，普通人在別的國家，若是遭遇相同情況，早就完成放棄（外國籍）了。莊海樹不是不願放棄日本國籍，他甚至周到地請律師按照規定來跑流程，結果被駁回，究竟該歸責於誰？是中華民國政府啊！中華民國政府才應該深自檢討，為什麼國民連拋棄外國籍的權利都沒有？」賴浩敏直搗問題癥結：「既然是該負責的是政府，怎麼可以讓莊海樹個人承受苦果？」

賴浩敏一番殷切理性的分析，最終獲得了所有人的同意，莊海樹的報備駁回被視同已放棄日本國籍，這才順利宣誓就職。

（三）一句話，讓賴清德得以出任公職

賴浩敏仗義執言的事蹟之二，則是賴清德出任國代資格不符一事。同樣是國大選舉，這次的事主是當時在台南任職國立成功大學附屬醫院主治醫師的賴清德。

原來，一九九六年間，賴清德競選國大代表，當時的省選委會審查其資格，卻給打了退票。其資格不符的理由，在於賴清德是國立成功大學附屬醫院的醫師，是為公務員身分。

省選委會表示：公立醫院的醫師是公務員，不得參與競選，否則是裁判兼球員，球員兼裁判。除非賴清德辭去醫師一職，始得參選資格。

賴浩敏則抱持不同看法，他說：「規定是這樣沒錯，但請問賴清德在成大醫院所做的工作，跟一般民間綜合醫院的醫師有什麼差別？同樣是看病、醫病，為

什麼只是沾上了『國立』二字的邊，成大醫院的醫師就算是公務員？再來，到底賴清德行使了什麼公權力？請講來聽聽。」

在場一片面面相覷，沒有人有辦法回答。最後，賴清德便以「未有行使公權力」的理由通過審查，順利過了關。

從上述二事例中，可以清楚見到賴浩敏對法律透徹貫通的思維，以及公平、公正的態度。誠如他一再教導學生法律要「學通」，而不是單純地根據法條解釋、套個案，並且勉勵後進「為所當為、言所當言」！

（四）懂法依法，有所堅持，有所依據

其三，是在全國性選舉期間，中選會審查國家出資播放的政黨競選影片時，賴浩敏對言論自由的堅持以及冷靜的闢析。

當時，陳水扁在影片中宣稱：「有一天，我們台灣人會持台灣共和國的護照。」

「這不行，這個部分要刪除，陳水扁的言論違反國策。」反方表示。

「陳水扁任何動作都沒有，只不過就其臆測加以論述罷了，他理當有發表意見的自由。」賴浩敏立刻予以反駁。

「就算只是預測也不可以。」反方說。

「不可以？有這條法律？」賴浩敏問。

反方被問得啞口無言，結果中選會只得予以保留，不敢輕易動刀。

在另外一支國民黨的競選影片中，則出現了一段批評在野黨的話：「民進黨是一群亂黨、烏合之眾……」

賴浩敏主張刪除這一段落，並解釋道：「民進黨是依法向內政部申請許可後合法成立之政黨，怎能侮蔑其為亂黨、烏合之眾！」

賴浩敏言之鑿鑿，這回，他的意見獲得多數審查委員同意，因而予以刪除。這樣一個恪守原則、有所堅持與有話直說的性格，完全不因對方的黨派與政治立場而有所畏懼和改變，也展現在賴浩敏到大陸廈門大學，參加兩岸法律理論與實務座談會的事蹟上。

那次，會後他應邀前往北京，受到當時國台辦副主任孫曉瑜盛情款待。出乎國台辦意料之外的是，席間賴浩敏突然語驚四座、直言不諱地對孫副主任提出自己的質疑：「中國共產黨高唱和平統一台灣，卻不思瞭解台灣人民……反而應驗所謂『國民黨毒化教育』所言，平時裝著和善的外表和態度，一旦重要關頭，即露出猙獰面貌。此次導彈攻擊台灣，使人民震驚於中共文攻武嚇，失去對大陸信心……」

由此可見，對賴浩敏來說，他關注的重點不在於政治色彩與黨派，而是秉持「哪一黨做不好，就罵哪一黨」這樣一個簡單的原則而已。

前述懂法依法、有所堅持的事例，其實沒有多少人知道，賴浩敏本人亦不張揚。他只是將自己視為具有專業背景的公僕，在受到託付後，專注於維護社會公益、貢獻一己之力而已。

只不過，這樣盡己之力的樸實態度，竟一路將他推上了仕途。

中選會主委，開始公職人生

（一）古稀之年始從政

二〇〇九年十一月四日，被視為超然獨立改革派的賴浩敏，在馬政府多次正式、非正式邀請，及立法院幾乎一致同意的高度期許下，賴浩敏告別執業四十六年的律師生涯，接任中央選舉委員會主任委員，開始公職人生。就選務的工作而言，已擔任中選會委員二十餘年，同時具備訴願委員會主任委員、紀律委員會委員、公投審議委員會委員等經驗，在複審審議委員會、自律委員會委員及各重要專案小組都任召集人職務（常被中選會的同事戲謔地稱為「專業召集人」，把「義工」當本職），對於各項法令規章，賴浩敏早已駕輕就熟，幾乎沒有適應上問題。

對從沒有為官打算，準備一輩子當律師的賴浩敏而言，從此當起「長官」赴任上班，又是個人生大轉彎的重要決定。

「這是我完全沒預測到的人生際遇。」做了半生律師，卻在古稀之年接任中選會主委的賴浩敏說。

中選會位於綠樹濃蔭的台北市徐州路上，坐落中央聯合辦公大樓十樓及十一樓，即便過往經常出沒於此一地區，換了個頭銜與身分，又是另一番心境。由於本身家住台北，所以配設的官邸乾脆放棄使用。而賴浩敏甫上任，大選便迫在眉睫，由於縣市長、縣市議員及鄉鎮市長三合一選舉距離只剩下一個月，賴浩敏片刻不敢耽擱，只簡單地將環境打掃乾淨，辦公物品擺放整齊，其餘設備大致沿用原物，便馬不停蹄地開始辦公了。

（二）主委有約

緊湊的大選工作告一段落，中選會進入較輕鬆的時期，這時，賴浩敏卻開始孜孜矻矻勤走基層，深入瞭解組織運作以規劃改善，並且多方傾聽。

不只如此，賴浩敏的用心同時表現在對內與對外的互動上。

對內，為了開闢順暢的溝通管道，賴浩敏甚至規劃了「主委有約」時段，讓所有同仁有機會和他面對面，一對一表達心聲，提供意見。

對外，每週四行政院赴立法院備詢，因賴浩敏耐心、低調、剛正的做事風格，總是和立委官員溝通順暢，雙方從無齟齬。在同樣位於聯合辦公大樓六樓的內政部舉辦關懷弱勢活動時，亦時常看到賴浩敏到場關心、打氣，與各部會首長均有良好互動。

如此面面俱到，讓中選會祕書長鄧天祐等資深官員不禁讚嘆：「賴主委雖然沒有做過官，表現卻超乎預期、出乎意料得好！」

（三）恩威並施，兼容並蓄

懂得人情世故，不代表工作上可以馬虎。賴浩敏對同仁的工作要求絕非一個「嚴」字可以道盡。

在實際相處過後，賴浩敏的細膩思慮、迅捷反應與超強記憶力已無人不知、無人不曉，面對要求完美到近乎挑剔的主委，無人敢心存僥倖。

各主管承辦人在提出報告前，總是戰戰兢兢、如履薄冰，非得再三檢視校對，令事情來龍去脈了然於胸後，才敢趨前遞上公文。

不過，公文正確無誤，對於一絲不苟的賴浩敏，其實只是工作的基本功。賴浩敏向來嚴以律己也嚴以律人，如此領導之下，中選會的業務自是井然有序。

然而賴浩敏仍有其寬厚、溫暖的一面。

在一次頒發當選證書時，某主管發生記載錯誤的疏失，賴浩敏當下立刻派人協調媒體、封鎖消息，避免徒引爭議；同時緊急指揮更正，讓當選過程順利完成。

中選會時期，賴浩敏於立法院備詢時留影與接受媒體採訪照。

事後，承辦主管自感失誤情節重大，於是自請處分，但賴浩敏徹查瞭解過程後，認為此主管平日任事負責，績效良好，實不忍對方斷送前程。

況且，該事應變得宜，未造成太大風波，所以賴浩敏在處分公文上親筆核示：「……業經告誡訓示，已有良好效果，關於其處分乙節，毋庸再議。」

賴浩敏的寬容讓該主管大受感動，從此公事上更加細心用心。

這件逸事傳為美談，讓大家從而認識到賴浩敏除了是個懂法、講理的大律師外，也是個恩威並施、兼容並蓄的大家長。

史上第一，律師當司法院長及大法官

中選會的業務進行得十分順利，賴浩敏也一直以為職業生涯應該就此打上句號：該是時候兌現承諾，與妻子古登美相偕退休，兩人遊山玩水去。

沒想到，擔任中選會主委不到一年，一紙總統任命狀又打亂了原本的計畫，讓人生再次拐了個大彎。

當馬總統向賴浩敏提及，有意提名他任司法院大法官並為院長時，他當下難掩詫異：「怎麼可能？有沒有搞錯？」

驚愕反應其來有自，當時，大法官的提名資格包括以下五點：（一）曾任最高法院法官十年以上而成績卓著者；（二）曾任立法委員九年以上而有特殊貢獻者；（三）曾任大學法律主要科目教授十年以上而有專門著作者；（四）曾任國際法庭法官或有公法學或比較法學之權威著作者；（五）研究法學，富有政治經驗，聲譽卓著者。

以律師身分擔任司法院大法官並為院長者，中華民國建國以來尚無前例。然馬總統說明：他是以第五項「研究法學，富有政治經驗，聲譽卓著者」提名賴浩敏，理由正正當當。

「總統，您有沒有搞錯？」賴浩敏脫口而出。

「哪裡搞錯？」馬總統反問。

「第一，我資望不足；第二，我年齡太大；第三，你們國民黨人才濟濟，哪裡輪得到我？」賴浩敏迅速整理思緒，一一將擔憂老實反映。

「第一個，你資望絕對夠。」馬英九馬上回答：「第二個，你去中央部會問問，有幾個部會首長能下泳池游個一千公尺？你的身體非常好，年齡不是問題。」確實，賴浩敏一直保持晨泳習慣，日游一千公尺，而且平均只需要不到三十分鐘，五十米的標準水道，每趟不用兩分鐘。

「第三個，你說人才濟濟，但你是我心目中第一人選。」馬總統誠摯地說。

對於馬總統給予如此的肯定，賴浩敏內心十分振奮，感動之下便回應了「敬謹受命」。

事後回想起來，馬總統如此拔擢，應是源自諸多相處機會中，慢慢奠定的好印象。賴浩敏擔任中央廉政會報委員、中選會委員時，馬英九擔任法務部長，之後又任政務委員，經常坐在賴浩敏旁邊，聽他發言，馬英九喊他「學長」；在任中央廉政會報召集人時，賴浩敏又是其中委員之一，經常提出公正不阿的意見。

「比如說請託關說要登記，財產來源不明罪要制定，縱使不科刑責，至少也要處行政罰等等。由於我很早便提倡這些理念了，所以他大概知道有我這個人，覺得我除了品德外，尚有一些見地，所以當司法院長出缺時，才會想到我吧……」賴浩敏試著理出頭緒。

古怪的是，從未滿一年任期的中選會主委，到提名司法院長及大法官，這一連串步驟，讓賴浩敏不禁懷疑是否為某種「設計」？

「先讓我當主委一年，這個經歷是唯一讓我有資格被提名為大法官的方法，不然有什麼『富有政治經驗』呢？賴浩敏苦笑：「當中選會委員，只是基於律師對社會公益的心理，哪知道日後會被如此肯定……」

然而，回到家中，賴浩敏立刻被妻子叨唸一頓。

「年紀這麼大了，還這麼勞累幹什麼！」古登美著實心疼。

先不論兩人手牽手遊山玩水的約定跳票，就說當時司法院長賴英照才為了高等法院司法官集體收賄案，負政治責任請辭而去，司法界一片混沌，此時接任司法院長，不等於「跳火坑」嗎，怎能不擔心？

總是隨遇而安的賴浩敏倒沒有往那個方向想，接受這項任命後，他感到一則以喜一則以憂。喜的是對一個學法律的人來講，司法金字塔的頂峰是最能發揮所長、實現理想的位置；憂的是自己累積了四十餘年的律師實務經驗，對司法體系的歷史背景、沉痾之重自有深刻認識，改革大業這個擔子又豈止是千斤萬斤重！

無論如何，賴浩敏認為該怎麼做就怎麼做，反正記取母親的客家六字訣「到

上：司法院長交接典禮，由時任副總統的蕭萬長（中）監交。
下：司法院院長宣誓就職。

該時，擎該旗」，盡心盡力就對了！。

二〇一〇年十月十三日，賴浩敏舉起司法院長大旗，挑起司法改革重擔，就任司法體系最高職位，成為我國司法史上第一個由律師出任的司法院大法官並為院長。

用行動化解反彈

上午手才剛接過印信，完成司法院卸、新任院長交接典禮，下午賴浩敏就披掛上陣，主持大法官會議。

司法院長有兩種身分：一為綜理院務，對各級法院進行司法行政上的監督；另一方面，也是大法官，負責解釋《憲法》、統一解釋法律及命令、組成憲法法庭，審理總統、副總統彈劾案，以及政黨違憲解散案等任務。

大法官會議由十五位大法官組成，每星期開會三次，以司法院院長為主席。

由於大法官們個個是來自各領域的佼佼者，會議上經常是百家爭鳴，要協助眾人取得共識，需要超乎常人的定力與耐力，且在保持客觀、維護審判獨立之餘，還得具備清晰的思路，要能隨時掌握時勢脈動，讓社會大眾瞭解、認同現在的司法，進而落實社會正義。

右：大法官研究室外。
下：攝於司法院長院長室。

主持大法官會議不是件容易的事，而龐雜的司法院務也是賴浩敏就職後馬上要面臨的考驗。

「賴浩敏從沒當過法官，怎麼能當院長？」有人提出質疑。面對此起彼落的雜音，賴浩敏輕鬆以對：「誰規定一定要當過法官才能當院長，前任的賴英照院長、再前任的翁岳生院長、更前面的施啟揚院長也都不是審判實務出身，不是嗎？」

賴浩敏期勉自己不患得患失，保持自在的平常心：「我這個人就是不怕做錯，錯了就改嘛！」

即便如此，在新官上任之初，賴浩敏仍因沒擔任過法官而遭遇不少反彈，尤其是來自人事審議會的冷言冷語，更是多不勝數。

人事審議會的組成以法官居多，加上學者代表與院內行政主管。然而，法官代表們對於院長提案總有很多意見。

於是，賴浩敏特地澄清各自的權限。他說：「我們先把人事審議案子的法律架構弄清楚——提案、提名是院長的權利，你們有權同意或是否決，但你們不能自己提案，不能說『我提名誰誰誰』，否則這樣下去，開會效率太低，會沒完沒了。」

賴浩敏說之以理，法官們也都接受了。從此以後，提案權屬於院長，同意權則屬於他們，若不同意則可行使否決權，反覆直到院長所提通過眾人同意為止。

之所以能讓法官們信服，無非是賴浩敏主持會議時的絕對公正，他完全按照會議規程，該表決就表決，甚至在正反方人數一樣多時也不隨便表態，避免影響結果。

賴浩敏沒有預設立場非得通過哪個提名或哪個議案，他以行動證明了自己大公無私。一年多下來，大法官會議和人審會都步上軌道，進行得相當順利，諸多案件無異議通過，得到全面支持。對一向高居上位，看律師都是矮了半截的法官來說，這可是非常不容易的改變。

「尊重別人不會使自己卑微，反而會讓人更尊敬你。」賴浩敏有感而發。

主持會議，提高大法官釋憲效率

由於人民《憲法》意識提升，聲請案件逐年成長，每一聲請案都攸關權益保障，每一聲請人都急於等待答案，釋憲效率自然叫人關切。

不過，大多數國人並不清楚「大法官釋憲」是怎樣的一個過程。

在台灣，每一件釋憲案件都由全體大法官審查作成。依《司法院大法官審理案件法施行細則》規定，大法官分受聲請解釋案後，應即蒐集參考資料，研擬審查報告初稿，並和同小組的大法官共同審查，通過後作成審查報告，再提請大法官全體審查會議審查或逕提大法官會議議決。

若審查小組認為不應受理該釋憲提案，但可能發生爭議，或小組大法官有不同意見時，仍由大法官全體審查會進行審查。

大法官在審查案件時，除了會閱讀聲請人所附資料，也會自行查詢相關資訊，並討論學理與國內外釋憲實務，不會草草審案或結案。由此可見，整個大法官會議程序非常耗時複雜，並非一蹴可幾。

司法院院長不因身為主席而不用分案，但因另有院務負擔，所以受分配審理的案件較其他大法官少，大約為總案件量的六分之一。雖然主辦案件較少，但身為會議主席，為有效掌握會議流程，對於每個提案還是必須有概括性的瞭解。

因此，每次會議，院長要讀的資料倍多於其他大法官，更不用說還有屬於司法院院長的職務，工作量之大可想而知。

此外，聲請案件的年年逐增則是另一種壓力。

根據統計，二〇〇三年至二〇〇六年間，案件總數不到三百五十件，到了二〇一六年，單年度便收受四百六十七件新案，另外還得加上之前幾年留下來的舊案。該年度共結了四百五十二案，還有三百七十五件未結案件。

案件壓力日益增加，但人力配置卻沒有很大的改變。只有十五位大法官助理承大法官之命，協助辦理案件之程序審查、爭點、初步整理及資料蒐集等事務，人力十分吃緊。

再從運作程序切入，每一案件都由全體十五位大法官採合議制作成解釋，且是三分之二特別多數決。由於可決人數門檻高，共識不易達成，眾人往往花費很多時間、很大功夫去做評議，卻做不了最後判定。

總之，種種制約之下，許多聲請的案件久久無法做出解釋，導致人民對司法單位的釋憲效率頗有怨言。

在既定程序規章的層層條件下，如何讓會議妥當且快速的進行，對主持會議者是一大考驗。

對此，賴浩敏倒有不少為人津津樂道的法門。

耐性是其一。大法官羅昌發就曾「爆料」，自己在大學念法律時，賴浩敏已是知名的大律師，身為學生的羅昌發對賴浩敏的不耐煩、脾氣不好早有所聞。沒想到賴浩敏當起院長主持會議卻很有耐性。

「我不只有耐性，我是超有耐性。」賴浩敏笑稱。

另一法門，則是大法官蔡清遊幫他公開的。蔡大法官認為，賴浩敏主持大法官會議「有撇步」——先假投票，如投票贊成人數超過三分之二，馬上改為正式投票，藉此提高大法官釋憲效率。

擅於主持會議可說是賴浩敏在萬國法律事務所即已養成的習慣。萬國初創時期，其獨特的公司文化就是「消滅個人，建立萬國」。有歧見在所難免，但盡可能做到服從多數，尊重少數。

「就像陳傳岳常常說的，事情只要老賴一個人不贊成，就絕對做不到。我也知道自己的份量，所以盡量收斂。」如此態度一以貫之，在會議上賴浩敏從不影響他人，主持會議的做法也和別人不一樣。

如在中選會主持訴願委員會時，過去一般的做法是先將決議文、主文寫好，再看大家贊不贊成；賴浩敏卻不因循舊規，他是什麼都不寫，先請委員各自發表意見，眾人討論，結論出來以後，再寫訴願決定書，且授權給主任委員寫，所以不會先有定論。

二〇一〇年十月十三日至二〇一六年十月三十一日，賴浩敏擔任司法院長共六年十九日。就任後一個月許，即促成釋字六八二號解釋；卸任前十天，大法官會議作成釋字七四〇號解釋。此期間大法官會議共作成五十九件解釋。

賴浩敏的無私、寬宏、勤奮、機敏，確實為司法院帶來裨益，造福了許多人。

司改，從底部一點一滴融冰

在賴浩敏的院長辦公桌上，擺著一件玉雕古獸，狀似猴又似神鳥，長舌從腹下繞到尾上，舌尖捲著一枚古錢。牠神情凜然，銳利的雙眼間有隻獨角，看來奇特又威風，總引起來訪者的好奇探問。

「這是在建國玉市找到的，看到時就覺得很有緣，讓我想到『法』的古字，灋。」

「灋」字，拆開來看：从水，表示法律及執法者的心必須像水一樣清澈持平；廌（音「ㄓˋ」），是傳說中的一種神獸，似牛，有單角；去，古時訴訟，被奉為神的化身的法獸「廌」，會用牠的角去觸牴違反規範的「不直者」，並去除他。所以，「灋」字从「廌」又从「去」。今將神話部分的「廌」省去，成為現在的「法」字。

凝視古獸銳利的雙眼，似可透視入心。作為一個司法人，除了要「敢於去不直者」，也要時時捫「心」自問。

「有機會做院長，我希望從基本上去好好表現司法的本質。什麼是司法的本質？那就是審判獨立。任何原則跟審判獨立衝突的話，審判獨立優先。因為沒有審判獨立的司法，不是司法。然而，司法獨立最大的問題是什麼？是法官的良心啊！」賴浩敏語重心長地說。

司法風紀、司法判決與社會期待的落差，是賴浩敏認為最迫切需要推動的司法改革。因此，賴浩敏一上任，即要求各廳處整理彙報業務現況。

然而，愈深究當前面臨的種種問題，愈發現司法沉痾之重。無可否認，劣質文化年深日久，早已根深柢固，要將之掘除，絕非一朝一夕、或一紙命令即可帶來改變。

但賴浩敏已經做好心理準備：「怕熱就不要進廚房！」他捲起袖子一一著手辦理。

賴浩敏常以如融冰山做比方，他說：「冰凍三尺絕非一日之寒」，司法改革不能急就章，也快不得，而是要從底部一點一滴慢慢挖。必須腳踏實地從教育著手，特別是先從司法官的品德教育著手。

律師執業多年的賴浩敏站在司法最前線，對法官有近距離的接觸和觀察，他發現今昔確有不同。

他說：「幾十年前，法院的風氣很不好，法官一定要錢的大概百分之二十，一定不要錢的也大概百分之二十，剩下的百分之六十就是中間地帶——有的是順水推舟，有的是覺得這沒什麼大問題就收了，有的是感覺有點問題就不敢收，風氣真的很不好。」

猶記得當時只要是不收錢的法官，就被認為是難能可貴的好法官。不像現在，原則上法官是不敢收錢辦案的。不過，賴浩敏懷疑仍有極少部分的法官遊走於晦暗不明的地帶。

「說真的，就算只是百分之一受賄，那已經是嚴重得不得了的事情了。」賴浩敏表示。

印象中，那時有位法官對法院風氣敗壞的現象跟自己一樣深惡痛絕。該法官在義憤填膺之餘，使出另類解方——他說，若真沒辦法了，乾脆在每次週會時要求大家發誓：「如果我貪污，我就絕子絕孫！」斯言既是感慨，也是無奈的毒咒。

賴浩敏一再強調，一個法官的養成，除了專業與社會常識，最重要的是作為人最基本的良知。說到底，從家庭教育、小學教育、中學教育，到大學教育，乃至於法官養成教育，品德教育都不可或缺。

品德不好，法官在面對壓力或金錢誘惑時便很容易走歪。對一個缺乏良知的法官，人民又如何能期待他做出好的判決，扮演正義的最後一道防線？

同時，賴浩敏也表示，司法改革除了法官的品德教育之外，對國民法治教育的加強也有其必要性。除了養成國民對法律有相當程度的知識，俾使對社會現象有正確判斷之能力外，也應養成法治先進國家人民對司法的尊重及對法官的信

狀似猴又似神鳥的法獸玉雕。

任，以徹底摒除「有錢判生，無錢判死」、「衙門八字開，有理無錢莫進來」這種醜陋、消極、落伍的思維模式。

但儘管痛心疾呼，政府的做法卻似乎仍停留在肅貪、懲戒、風紀評鑑等事後補救、量化作業上著力，至於更深入、潛移默化，從做人本質上一點一滴養成的品德教育，似乎仍遙遙無期。

引頸二十年餘，《法官法》三讀通過

奶嘴法官、娃娃法官、恐龍法官……台灣民間對於和社會現實脫節的不適任法官，總予以最嚴厲的譏評。

新聞媒體習於報導法官判決與民意相左的案件，鮮少誇讚法官案子判得好。在輿論的過度渲染下，少數不符合期望的案件廣為周知，使得法官形象一落千丈，人民心中觀感普遍不佳，進而衍生為對司法制度信心低落，覺得司法不公正。

賴浩敏認為，任何一個國家的司法都有改善空間，為了少數判例而否定台灣司法，實在非常可惜。

因此，法院裁判跟社會期待的落差，是另一司法改革的先列要項。法官絕大多數是大學、研究所主修法律學的學生，通過司法官考試即取得法官資格，以致法官太年輕，缺乏社會經驗，導致判決結果違背常識，脫離社會現實。

由於長久以來拔擢法官的來源單一，造成同質性高的問題；另則，法官是終身職，只要不犯法就可終身不必退休，完全沒有退場機制。

賴浩敏做了四十六年的執業律師，見識過各式各樣的法官，深刻瞭解民眾面對司法制度的煎熬與無助，亦深知民間對司法審判實務的多所詬病，自然對此現象有切身體驗。

所以，賴浩敏一上任司法院長，即以「司法為民」的精神，從人民角度出發，提出「清明的法官，親民的司法」為司改基本理念。

此理念非常庶民，在當時的環境下，有的法官高高在上，有的惡形惡狀。賴浩敏就最受關注的風紀、品質、態度、效率、信任等司法問題，依業務屬性規劃改革藍圖，在制度面致力研修法規，在實務面推行各項解決方案及變革措施，並以全民擴大參與的方式，力圖凝聚共識。

其中《法官法》的立法，是賴浩敏就任後，從制度面跨出的一大步改革。這部包含「法官多元進用、保障、評鑑及退場機制」等相關事項的法官專法，早在一九八八年就開始研擬草案，以示法官是國家司法權的執行者，不同於一般必須服從職務命令的公務員，兩者有所區別，以保障法官獨立審判的精神。

然而，經過二十多年來努力研擬、討論、審議、推動，直到賴浩敏就任八個月後，法官法幾經折衷、溝通、協商，才終於修法完成了。

二〇一一年六月十四日，《法官法》在立法院三讀通過，司法改革進入新的里程碑。

「制度沒有十全十美，但良知可以補足漏洞。」賴浩敏提醒。

即便有汰劣獎優的《法官法》立法完成，在不干預審判獨立前提下，建立個案評鑑，去除不適任法官等法源，但「人的素養」仍是最關鍵的因素。法官站在這麼重要的位置，在獨立審判已有相當保障的成果下，唯有自律，對人民負責的使命感，才足以擔當大任。

「法律講求因果關係，我也相信因果報應，要知道『人在做，天在看』，法官的判決要問心無愧，對得起自己的良知。」

賴浩敏深信，社會正義的保障，除了法官的良知之外，再無他物。

持續推動改革，提昇律師地位

《法官法》的修法，建立起遴選優秀律師為法官的制度，開闢法官多元進用的管道，賴浩敏繼而致力於修正《司法院組織法》，增加明定資深優秀律師得任大法官之資格。

原本《司法院組織法》所明定的大法官任用資格中，並未特別包含律師的身份。賴浩敏當初被馬英九總統任命為司法院長與大法官時，也是依循該法第四條「研究法學，富有政治經驗，聲譽卓著者」的這項資格。隨著賴浩敏任事用法的公正形象與傑出表現逐漸受到肯定，司法界也有越來越多人認識到優秀的律師亦足任大法官，《司法院組織法》遂得以在賴浩敏院長的任內完成修法，讓「實際執行律師業務二十五年以上且聲譽卓越者」也有機會勝任大法官。如今，已有兩位律師出任大法官，黃虹霞正是其一。

除了《法官法》與《司法院組織法》的修法，賴浩敏的另外一項改革，便是法律扶助基金會董事長人選資格的變革。

法律扶助基金會是維護人權極重要的組織，其主管機關與捐助成立者是司法院，運作概念為政府出錢，請律師免費提供原本由律師收費提供的法律諮詢等服務。法扶會的服務專業明顯在律師界，卻有著律師不能擔任董事長的既定觀念。「審檢辯不等高」的失衡現象存在已久，律師經常被法官看不起，一竿子被貶為利益團體。

然而，律師第一線接觸人民，更貼近民眾的需求和想法，也更有意願落實司法改革，這種心情，不是律師實在很難體會。

關於「律師不得擔任法扶董事長」的論調，賴浩敏明白表示不能接受：「縱然律師良莠不齊，但真正在法扶出力的是誰？是律師！為什麼律師不能當董事長？由律師領導，不是會更順利嗎？」

在賴浩敏的力圖改變下，法扶會主持人的棒子終於交給律師，從第四任開始，歷屆董事長皆為律師，讓體察民情的優秀律師有機會貢獻一己之力，平衡長久以來傾斜的司法大鼎。

「我不怕人批評。請問：律師當董事長，我有什麼好處？我已經完全脫離萬國法律事務所，法扶董事長是誰，和我一點利害關係都沒有！」只要相信是對的，時任司法院長的賴浩敏絕對會大刀闊斧地去做。

司法 E 化正是其中一例，賴浩敏堅持法官、檢察官和律師擁有的案件資料應該完全一樣，司法金三角才能運作得當，從此以後閱卷開放，只要律師申請，便能索取全案的錄音和錄影。儘管成本低廉，這卻是個攸關重大的措施。

除了軟體方面的進步，針對硬體設施，賴浩敏也下足了苦心。為解決司法院和所屬機關長期以來辦公廳舍擁擠、法庭配置不足、單位散居各處等問題，賴浩敏在與總統及其他四院院長茶敘時，不斷提及司法在提昇國家競爭力關係上扮演的重要角色。幾經溝通，終於說動了最高層，同意撥用台北市華山行政專用區精華地段大面積土地給司法機關使用。

「華山司法園區」可供整體規劃司法院、憲法法庭、最高法院、最高行政法院、公務員懲戒委員會、司法數位雲端資訊中心、台灣高等法院等機關遷建，建立起有威儀的司法園區。

「若無賴院長的信念與堅持，台北地院全體同仁企盼二十年的遷建案，可能猶在空中閣樓呢！」台北地院黃國忠院長曾於賴浩敏八秩壽誕時有感而發：「司法史冊應將此歷程載入，讓我後輩司法人知恩感恩。」

積極改善司法同仁辦公環境，是賴浩敏任內念茲在茲的重要施政，華山司法園區為最具有代表性的里程碑。此外，協調新北市政府撥用新莊知識產業園區土地，規劃整合籌設智慧財產法院、北部少年及家事法院、商事法院的「新北司法園區」也是一例。

妻子古登美補充：「他去當院長的時候，我以前在法律扶助基金會的同仁、部屬們都高興得放鞭炮了！」

他們不敢相信如此排斥律師的司法院，居然出了個律師背景的司法院長，真心覺得可喜可賀，認為台灣的法律界確實有愈來愈好的趨勢。

「雖千萬人吾往矣。」只要合乎義理，縱然面臨千君萬馬，賴浩敏一樣勇往直前！

《提審法》新制上路，人權更進步

一支趣味橫生的《提審法》廣告，演員粉墨登場，以被秦檜逮捕的岳飛需要提審為例，劇情深入淺出，讓民眾會心一笑，也因此懂得從今以後只要被法院以外的任何行政機關逮捕、拘禁，都可以在二十四小時內，向法院聲請提審，大聲說出「我要見法官」。

這是賴浩敏任司法院長後的重要改革之一，提審法提供即時且有效的司法救濟管道，與人民息息相關，是人權進步的重要指標。

原《提審法》制訂於一九三五年，一九四六年開始實施，數十年來不曾修正，司法實務也普遍將聲請提審對象侷限在刑事被告。

然而新制上路後，人民若因《入出國及移民法》、《兩岸人民關係條例》、《精神衛生法》、《傳染病防治法》、《陸海空軍懲罰法》或其他有剝奪人身自由的法律規定，被法院以外的任何機關逮捕或拘禁，都可以聲請提審，由法官介入審查剝奪人身自由的合法性。

賴浩敏說：「無論是否是犯罪嫌疑，他本人或任何（見義勇為）第三人，都可以聲請提審，請求法院即時介入。且提審無論是書面或言詞都會被接受，法院也不收取任何費用。」

此項救急制度無異是人民的一大福音，程序上不僅更即時、簡便，針對保障人權的目標也更有效、周延，落實「人身保護令」基本精神。

此外，提審的原因事實可能涉及民事、刑事、家事、少年及行政訴訟等不同法律規定，由法官分工審查更為專業；在提審調查開庭時，相關當事人可以到庭陳述意見，審查程序也會更加公平公正。甚至在情況特殊致解交有困難時，法院也能經由視訊科技設備，直接行遠距訊問，使人權獲得更進步及完整的保障。

林俊益大法官曾說：「賴大院長是重新建構提審制度，完善人身自由保護網的第一人。《提審法》自行憲以來名存實亡，大法官作成釋字七〇八號解釋後，賴大院長下令從速研修提《審法》，把《提審法》修活了！」

確實是把「法」給修「活」了，《提審法》上路後，帶動人身自由保護網相關法律的全盤修正，法院的民庭、刑庭、行政訴訟庭、少家庭法官全體總動員，國人清楚知道，在人身自由被剝奪時，隨時都可以見法官，人權保障無遠弗屆，影響甚為深遠！

輕裝走訪各級法院，落實親民禮民

（一）旁聽席上的院長

古時有皇帝、高官「微服出巡以察民意」的諸多傳說，二十一世紀，也有頭戴鴨舌帽、身穿便服的司法院長效法古風，悄悄坐在地方法院旁聽席，實察法官開庭的態度和表現。

就任初期，舉凡不開會的時候，賴浩敏便穿著便服，在沒有官員陪伴，且沒有事先知會的情況下，僅由隨扈同行，跑去法院「突擊檢查」。

賴浩敏走進法院，隨機挑一間法庭，即靜靜坐在旁聽席，親自觀察開庭情形，士林、板橋、桃園、基隆以及新竹，都曾是其巡點。他不時這樣做，直到被眼尖的媒體發現「破功」為止。

法官開庭是不是準時？問案態度有沒有平和？這些讓民眾切身感受的臨場實務，是司改的重要工作。

雖說透過各廳處會報資料、法官論壇、報章雜誌報導，以及院長信箱、法官民眾留言等管道，一樣可以知其概況，但總不如眼見為真。而且，他幾次親臨檢視下來，也確實發現仍有很大空間要改善。這些觀察和體會，都是他後來積極推動E化、科技法庭的背後因素。

說到開庭態度，賴浩敏曾對法官直白以告：

「這不過就是有沒有教養的問題而已！有教養、有使命感的話，你會對當事人惡言惡語嗎？沒教養的法官，有人會信賴你嗎？會尊敬你嗎？」此外，法官對時間的控制分配也是改革重點。開庭和審判都不宜讓當事人盼月盼年地久等，應避免所謂「遲來的正義」之憾事發生。

多次「微服出巡」下來，法官開庭的態度的確有所好轉，積案也明顯減少許多。賴浩敏大刀闊斧，希望藉由體制、程序逐步調整，實現「妥速審判」的理想。

（二）成立公關處室，與媒體進行對話

「司改要朝4C——乾淨（Clean）、透明（Crystal）、便民禮民（Considerate）、效能（Competitive）四個方向努力。」在就任典禮上，賴浩敏宣示：司法應親民，應更積極主動改革，贏回大眾的信任；他承諾未來將更敏於聆聽人民的聲音，打開大門，讓人民走進司法。

賴浩敏上任後，先派了專責的公共關係室主任，繼而在司法院組織法中，將原本編制在祕書處的公共關係室，改為「公共關係處」，目的正是加強司法與大

眾的溝通。司法院與媒體的雙向溝通，也是從「公關處」啟用後，正式建立起來。
他常在院內對同仁們說的：「法官不語，行政多言。」法官要講的話，在裁判書中即已說盡。相對來說，行政要多對人民解釋，人民才能理解判決的道理。為落實司法，必須貼近人民的需求，判決書不咬文嚼字，不要像是晦澀的天書，遣詞簡化、白話就是最直接的改善。

（三）「全民司改列車」出發

為真實瞭解人民對司改的期待，進一步爭取人民的支持，賴浩敏將「全民司改列車」駛出司法院大門，以一年時間走遍全國的地方法院，直接深入民間，由院長親自主持，傾聽人民的聲音，其傾聽的對象，則包括當地的公正人士、學者專家和民意代表。

二〇一一年一月十八日，賴浩敏親率司法院多位主管飛抵澎湖，作為「全民司改列車」啟動後的首站。

「之所以選擇澎湖作為第一站，主要是表達對偏遠地區的看重，以真正符合司改精神。」賴浩敏強調，「當然，我們全國都一樣重視。」

在每一場次結束之後，賴浩敏立刻將相關意見與當地法官進行溝通；同時，將全國各地方對司法的看法，完整蒐集彙整並落實執行。

賴浩敏在全民司改列車一〇〇年度座談會上就表示，人民的要求不多，做為接受人民付託的受託者，不能只是紙上談兵，而是應虛心接受人民的支持及批評指教，然後逐步交出成績來。

改革最怕閉門造車，自我感覺良好，司改列車由下而上，由地方到中央，從人民角度看問題、解決問題，從風紀、效率、態度、品質各方面一一透過政策制定，逐步做到讓人民明顯「有感」的改變、改善。

司法審判獨立的絕對堅持

司法獨立，不容折扣，即便身居院長高位，面臨院與院之間的和諧，賴浩敏也不願接受協商或是交換。

王金平擔任立法院長時，曾在總統府公開「埋怨」賴浩敏，他說：「我們幫你們司法院那麼多忙，一個小案子你都不願意協助。」

「報告院長，」賴浩敏說：「感謝您們的支持和愛護，讓司法院的預算和法案一下子通過，但我們沒辦法回報你。我們沒有小案子，案件就是案件，沒大小之分，真抱歉！」

賴浩敏常說：「我們司法院最沒有籌碼跟人家協商，是硬梆梆的鐵板一塊，不能濫情。相反地，是你們政治要來尊重司法獨立。」

這種沒得商量，只能「謝謝，很抱歉幫不上忙」的情況，於公於私都可能發生。

在此姑且隱其姓名，再舉一例：某大黨的一位祕書長，曾經要求和賴院長私底下談一案件。

「公事到辦公室來，私事到家裡來，案件就不必來，來了也沒用。」賴浩敏回覆。

「真的沒有用嗎？」黨祕書長最後打了退堂鼓：「那我不去了。」

「明智的決定！」賴院長恭敬地回應。

既然身為司法院龍頭，自然有以身作則的必要。對賴浩敏來說，就算僅僅是口頭答以「我會去關心一下」，其實也是在干涉司法了。畢竟，哪個案子你不去關心，為何特別關心這個案子呢？

下級「揣摩上意」，遂成為另一弊端，如此審判又如何能獨立？

「司法審判獨立是司法的靈魂。不管是關懷、關心或是關說，我告訴任何一個法官，你要來（關說），通通要登記，不登記就懲戒！」

身為司法院長，連這關都擋不住了，又怎能期待叫下屬跳出來擋呢？

杜絕關說，維護審判獨立，賴浩敏擋得住。

廢除最高法院保密分案

「最高法院的鎮院之寶『保密分案』，要被賴院長給廢掉了？」最高法院的退休法官，急急跑來找賴浩敏說：「院長，這個保密分案不能廢，真的不能廢！」

二〇一二年初，在基層法官組成「改革最高法院行動聯盟」的衝撞下，最高法院存在已久的保密分案舊制，在法院及司法院吵得沸沸揚揚。

保密分案是最高法院獨有的制度。一般來說，當案件進入法院審理前，一、二審均以抽籤方式公開抽出承審法官，稱之為「公開分案」；但案件只要進入最高法院，案件會被哪位法官抽到審理，外界不得而知，稱之為「保密分案」。

最高法院院長楊仁壽在卸任交接典禮上，為保密分案請命，表示多數最高法院法官認為保密分案可以有效阻絕關說，並依此拒絕廢除，對支持廢除的馬英九總統予以強烈抨擊，謂其干涉審判獨立，行政權不該侵犯審判權。

「馬英九不該以總統的高度侵犯審判權！」

「司法院長賴浩敏未維護最高法院審判獨立！」

「新任最高法院院長不該被馬摸頭！」

楊仁壽卸任前的一番話引起兩極反應，支持者認為，保密分案可以維持審判獨立，協助法官抵抗外界的壓力。

但法界人士認為，保密分案的存在，有其歷史成因與現實上的利弊，隨著政治的民主化，國內司法環境的漸趨成熟，法官獨立審判的空間已甚少受到質疑，此特殊制度應隨社會發展有所更張。

再說，廢除保密分案後，因為命受法官必須要具名，會更謹慎辦案；如要發回更審，理由勢必要充分，也要符合法律審的專業，而非率爾發回。有了監督，過去躲在保密分案大傘下的匿責問題，自然無處躲藏。

作為司法院長，握有變動各級法院處務權的賴浩敏，面對存廢兩派的說法時自有主見。

「最高法院說，保密分案是他們鎮院之寶，這個理由不能說服我。」賴浩敏強調，一個普通的讀書人、知識份子尚且都應貧賤不能移、富貴不能淫、威武不能屈，更何況是層次這麼高的法官，更應超越一般標準。

從人民的觀點來看，最高法院法官應早已經練就一副金剛不壞之身，能夠拒絕一切威脅利誘，擁有更強的抗壓性。所以，賴浩敏對所謂的保密分案可協助法官抵抗外界壓力的論調，深感不以為然。

他說：「試著想像一下，在第二審的高等法院，面對一個當事人被告，當面看著你，法官要判下死刑……另一個場景，一位最高法院的法官，坐在他自己的辦公室裡，大筆一揮寫下『上訴駁回』，他們二者哪個壓力比較大？更何況有相當部分的案子法律規定不能上訴最高法院，二審法院就是終審。難道沒有壓力嗎？」

憑什麼高等法院以下的法院沒有保密分案，反而高了一個層級、更有修練的法官，卻要求保密分案？

面對媒體，賴浩敏直陳，保密分案有它的歷史背景，也許曾發揮若干功能，不過勢異時移，現在是否還應該用以前並非常態的方法來抗壓，或抵抗干擾司法的不當因素，實有檢討餘地。

賴浩敏更直截了當地表示：他認為最高法院的法官們很有抗壓性，沒有理由反對廢除保密分案。況且，在司法透明化的最高原則下，他不會因為任何人的意見而影響改革的腳步。

之後，最高法院自行召開法官會議，修改《最高法院處務規程》（民、刑事案件編號、計數、分案報結要點），刪除保密分案的法源依據，將上訴案件直接分案給法官；且訴訟關係人想查詢是哪位法官承辦，也可以查得。

換言之，最高法院、最高行政法院所有分案，到底是由哪一位法官承審，從此以後再也不能保密。判決書公布後，外界也將清楚瞭解是由哪位受命法官執筆撰寫判決，以達監督之效果，避免匿責。

二〇一二年六月十四日，實施六十二年的最高法院「保密分案」制度，正式走入歷史，審判程序透明化更臻完善。

制定《人民觀審試行條例》草案

（一）模擬法庭

「你平常大概什麼時候取槍？」

「你的獵槍平常是自己使用還是借給別人？」

這裡是嘉義地方法院，向被告提問的是試辦模擬法庭的觀審員。現場，審判長及兩位陪審法官坐在中間，五位觀審員分別坐在法官兩旁，右一及左一是兩名備位觀審員，面向法台左方的則為被告及辯護人，右方為檢察官。

當天案件是備受爭議的槍砲彈藥刀械管制條例案件，在聽取檢察官與被告當事人辯護律師雙方對案件說明、攻防後，觀審員直接詢問、釐清疑點。

從開庭到宣判過程中，會有四次法官與觀審員的討論時間，法官必須公正說明爭論點、解釋法令及調查證據結果，並回答觀審員提出的問題，而觀審員也要從中陳述自己的意見。

這是賴浩敏任內力推的「人民觀審制」所舉辦的多場模擬法庭之一，此法庭是首次設原住民觀審員，將族群觀點帶進法庭的創舉首例。雖然搭配制度的《人民觀審試行條例》草案才逕付二讀，尚未修法完成，但已為未來文化差異觀點得以真正進入法庭，做了一個良好的示範。

而這，只不過是諸多具有不同爭議的模擬法庭其中一例。

就任司法院長以後，賴浩敏思索，如何贏得人民對司法的信任，拉近民眾與司法的距離呢？他認為，讓人民參與審判既是國際趨勢，也是最直接的方式。問題是要如何推動？

其實早在一九八七年，司法院就開始推動國民參與刑事審判制度，包括《刑事參審試行條例》草案（一九八七年至一九九八年）、《專家參審試行條例》草案（二〇〇〇年至二〇〇六年）、《國民參審試行條例》草案（二〇〇六年至二〇〇七年）。

二十餘年來，這些草案歷經不同政黨、各任院長，或因時代背景認為人民參與審判是違憲，或因對一般國民參與審判的素養有所質疑，所以一直未能成功地把人民參審的法案送進立法院。

直到二〇一二年，賴浩敏避開《憲法》第八十條「審判必須由法官為之」的爭議，不直接將平民拉到與法官相等同的地位，而僅以旁觀者的身分參與，並可因此發表意見，制定了《人民觀審制度試行條例》草案，終於通過行政院院會，成功將草案送進立法院。

所謂觀審制，就是由人民擔任觀審員參與審判程序，且可以提出意見，但意見僅供法官參考。

部分法界人士認為，觀審制的制度設計，與其說是讓人民參與審判、監督司法，不如說只是讓人民「知道法院在幹嘛」而已，更被批評為「只讓你看，不讓你判」的半套改革。

對此，賴浩敏有他自己的看法。

他說：「雖說是觀審，事實上已有相當程度參審的意思與效果。因為審理結束之後，由人民代表進行初判，被告有罪無罪？要判多久？觀審員可讓法官知道人民希望怎麼判。法官若不贊同，做出不同判決，也要講出他的道理，在裁判書中說明。相信這樣的審判程序，可以對法官產生一定的抑制、監督作用。」

在提出《觀審條例》的同時，司法院亦試辦三年，在各地舉辦模擬法庭，上述嘉義地方法院就獵槍管制的模擬法庭即其中之一。

司法院也開過多場公聽會，現場實際運作及調查報告都顯示效果不錯，除了支持人民參審的比例相當高之外，參與模擬法庭活動的民眾也認為，親自參加了審判活動後，更能深切感受到法院的透明與公正。而且有法官在後面把關，更能放心的參與審判。

模擬法庭等措施經過多年的積極推動，人民參與審判已形成相當程度的共識。

「可見台灣已經踏出人民參審穩健的第一步，後續應以循序漸進的方式，去真正落實人民參與審判的終極目標。」賴浩敏如此冀望。

（二）國民法官制茲事體大，不可率爾施行

話雖如此，相較於賴浩敏觀審制的穩健做法，新總統蔡英文提出的新草案《國民參與刑事審判法》草案，顯然急於跨大步。

二〇一七年，蔡英文政府召開的司法改革國是會議中提到，我國應儘速實施國民參與刑事審判制度，在年底由司法院提出《國民參與刑事審判法》草案。

二〇一八年四月一日，行政院院會通過草案，司法院祕書長呂太郎表示，新制「能看也能審」。

新草案規定，最輕本刑為有期徒刑七年以上之罪行，以及故意犯罪因而致人於死的公訴案件，第一審地方法院均應行「國民參與審判」。國民參與審判法庭，由職業法官三人及「國民法官」六人所組成，共同進行審判。

對於如此「躁進」的做法，已自司法院長卸任的賴浩敏相當不以為然。

之前主張的觀審制，人民代表審後雖有初判，但接下來總有法官進行把關，不會貿然失控。然而，新制的國民法官卻共同進行審判，叫人擔憂一般民眾是否

足以擔此重任。

對於新法，賴浩敏不敢輕易贊同，認為茲事體大，不可率爾施行。賴浩敏說：他不敢賭這麼大，不敢以《憲法》所保障的人民的訴訟權益做賭注，因為這是任何人都輸不起的。

「你要管理專業律師尚且不容易，要管理這些非專業的國民法官更難！不僅人數多，構成份子又複雜，加上台灣社會人與人之間太重感情，黑道、黑金並未絕跡，黑道或金錢介入的情事時有所聞，怎能那麼大膽，一下子將審判權力移交出去？」

以新制多數決的情況試想，三位專業法官和六位國民法官之中，只要參與審判的成員過半數，其中包括一位專業法官，便能做成決定。換句話說，即使兩位專業法官不贊成，仍然起不了任何作用。這點讓賴浩敏覺得非常奇怪。

「司法改革不是用跳躍的，應該是一步一步腳踏實地去做。」

賴浩敏認為，人民參與審判這條路勢必要繼續走下去，然而現今台灣民眾的法治素養其實還遠不夠成熟，應暫緩新制「國民法官」、「能看也能審」的草案實施。相比之下，觀審制還是目前較為穩健的做法。

正義的最後一道防線：三百萬塊磚頭

二〇一六年五月二十日，蔡英文宣誓成為第十四任總統，由司法院長賴浩敏擔任監誓人。未料緊接著舉行的總統府前就職演說，這位剛由他監誓就任的新總統所說的一席話，卻是叫賴浩敏坐都坐不住。

「司法已經失去人民信任！」

「司法無法有效打擊犯罪！」

「司法失去作為正義最後一道防線的功能，是人民普遍的感受……」

面對新總統的嚴厲批評，作為全國司法院首長的他，實在無法安然處之。

賴浩敏點名蔡英文總統這「有地位的人士」、「有影響力的人士」的說法和做法，已經讓法官士氣大受打擊，他不得不為司法人員發言，挺身辯解。

「全國一年有多少司法案件？三百多萬個案件。立法、行政都是前面的幾道正義防線，各有其功能，但它們又起了多少作用？有沒有擋好？最後一路流下來成為洪流污水，係由司法作為最後一道防線來擋。

「三百多萬個裁判，每一個裁判就像一塊磚，用三百多萬塊磚頭去擋，完成司法是正義最後一道防線的任務。若前面一道道防線都好好發揮功能的話，最後一道防線不會那麼慘。

依據統計，全國各級法院每年受理各類案件的總收件數約在三百萬件上下，而一〇〇年到一〇五年上半年共有六十七件判決曾引起輿論批評，如按照時間比以觀，平均一年有十二件，每月不到一件，為案件總比率的二十萬分之一。試想，三百萬塊磚頭裡面有幾塊不好，二十萬分之一的地方滲出水來，這能苛求嗎？姑且不論有爭議性的案件未必全都可歸責於法官，又雖然司法仍有自省改進的空間，但為政者有必要苛責到如此不堪嗎？絕大多數法官都兢兢業業，善盡職責，不能讓少數個案影響多數法官的努力。」

這席肺腑之言，是賴浩敏趁著總統宴請五院院長時，語重心長的陳情和申辯。後來更有媒體稱之為「賴浩敏卸任院長前的大鳴大放」，從而寫下相關報導。

在府內台灣虹廳大圓桌上，個個官員舉杯說場面話、漂亮話的當下，賴浩敏的幾句話格外顯現其力道。或許有人會稱讚他直言敢說，是所謂「有大勇的人」，實則他僅是為了肯定司法人員的努力，為了維護他們的尊嚴，急切地想為他們說句公道話啊。

賴浩敏的急言，不只是為司法辯解，也帶出長年以來司法人員負荷過重的大問題。

人力資源政策問題

又見法官猝死、臥病報導，法官過勞問題時不時被提出討論，但長年以來都不見改善。

國內案件直線增加，司法官人力卻僅能以龜步擴編。二〇一六年司法院及所屬機關共收案超過三百一十三萬件，而受限於《中央總員額法》的編制，平均每位法官要處理二百件，也就是兩個月要審完六十件案子，平均開庭時間可能只有二十分鐘，法官需要時間推敲證據，在有限的時效壓力下，審判品質著實讓人憂心。

「法官工時過長，是我對你們最大的歉疚。」賴浩敏對法官們說。

他甚至透過總統的祕書長，向蔡英文總統為法官請命：「打個比方，你去醫院掛號看病，排了幾百號。輪到你時，醫師只能用兩分多鐘問診，這樣草率的醫療品質豈不令人堪憂？

「法官的工作量要合理，人畢竟不是機器，那是肉做的身體，機器也耐不住一天到晚地操，法官真的是做到要死還在撐！法官不能增加，案子又沒辦法減少，負擔不是愈來愈重嗎？這種情況下如何要求品質加強！」

如何擴大司法官的員額，合理化每人需要處理的案件數量，是司法改革的根基問題。祕書長轉達了，但問題仍然存在。

賴浩敏認為，正本清源在於減少案量。例如，檢察官以不起訴、緩起訴，或協商調解來處理，是其中一個解決方法。他也主張法官的待遇應該優厚，待遇佳才足以養廉，避免受到誘惑而瀆職。

此外，更好的人事資源政策，則更加重要，影響更為深遠。

目前全國法官、檢察官人力加總起來不過三千三百位左右，近來每年司法官考試的錄取人數都不達百位，遠遠不及律師考試每年錄取數百名，甚至近千名的數額與成長。在賴浩敏參加律師高考的民國五十年代，律師的錄取人數是個位數的，後來增加到幾十人，然後是幾百人，現在變成上千人。

社會上律師供過於求，檢察官、法官轉業做律師的趨勢也愈來愈多，律師市場過度飽和，造成的結果是律師不擇手段或削價競爭，尤其心存不軌的律師又特別高明，反而衍生更多問題。

「國家應該對整個人力資源要有通盤長遠的計畫，什麼樣的人需要培養多少，大學教育也是一樣。你看現在大學畢業生有多少人找不到工作，而社會需要的人才又沒辦法供給，這絕對不是單獨司法的問題。」賴浩敏說。

論及長遠通盤的計畫，賴浩敏將司法人事問題的解決之道，轉向政治面找答案，他認為真要探究起來，政治才是最大問題所在。政治影響法律，影響經濟，影響文化。

賴浩敏一針見血地指出，政府一向缺乏的就是一貫的政策，特別是不同政黨不同調，大家嘴巴喊團結，事實上仍是各執己見，各唱各的調。就以他在推動司法改革時而言，雖得到馬英九總統很大支持，可是力不從心，立法院並不支持，即便是總統也沒辦法讓立法院整個動員。

惟有在政治上真正團結，不以一黨之私看待問題，實際解決問題，才有一貫政策的可能。需要通盤長遠考量的人事難題也才有得解。如此一來，法官才能避免因「犧牲奉獻」、「鞠躬盡瘁」而癱倒法庭的命運。

大肚量，坦蕩蕩

（一）對八卦傳言一笑置之

賴浩敏的行事風格一向嚴謹低調，對於院內人事相爭、碎嘴，從不當一回事。不過要是牽涉到公事、院務，就得講清楚、說明白。

譬如，正副院長的互動關係即是其一。

早在馬英九總統提名蘇永欽副院長的消息傳出時，就有媒體指出「馬總統和蘇永欽多年相知情誼，兩對夫妻數十年深交，而馬真正屬意的院長人選是蘇永欽，賴浩敏充其量只是為蘇接任院長鋪路」，而另有蘇是「地下院長、賴院長只是傀儡」的傳言云云。

如此這般，有的沒的，賴浩敏聽了也只是一笑置之，不做評論或辯解。反倒是傳聞賴浩敏的同窗好友王澤鑑曾語帶不平地幫腔道：「我的同學賴浩敏不是做傀儡的料！」

若有人當面詢問賴浩敏與蘇永欽的相處如何，他總答以：「我和蘇副的關係很好啊。」問起和總統馬英九的關係，他也是一樣的答案。

事實上，賴浩敏一向與人相處和睦，從未聽聞和哪個人相處不好。不過，處得好不代表沒有意見，不問是非對錯。

「感情歸感情，做事歸做事，該怎麼做就怎麼做。」賴浩敏說。該核准就核准，若是不同意，即便和蘇永欽副院長的意見相左，賴浩敏也會不假思索地推翻。

對於兩次與蘇永欽較「激烈」的意見不合，賴浩敏亦是坦然承認。

（二）明人不做暗事，有事公開說

一次是湯德宗大法官「公假」出國案。

某次，湯大法官接獲美國一所大學的演講邀請，講題是「台灣的司法現況」，賴浩敏認為這是難能可貴的機會，可以宣揚台灣司法，自是滿心贊成。

雖然，考量到講座的行程需要一整個月，前後時間久了點，但院內有十五名大法官，去了一個，應不至於有大影響，於是賴浩敏就批准了他的公假單。

誰知蘇永欽卻在事後的一次例行大法官會議上，突然痛批此案有違他個人理念之底線，認為根本不應是公假，頗有怪罪賴浩敏院長之意，斥其不該拿公假來放水、做人情。

蘇永欽甚至直接跟湯德宗挑明了講：「你不可以去。」讓湯德宗很是為難。

後來，此事傳回賴浩敏耳裡。他認為明人不做暗事，索性把此事帶到大法官會議上：

「湯德宗大法官的公假，是按照司法院人事假期規定的公文流程走完全程，也有副院長的檢閱與簽章。這件事是全院，包括蘇副院長都同意，我最後才批的。一方面考慮你們從承辦人、廳、處長、祕書長、副院長都沒意見；二方面也考慮出去一個月對業務不會有妨礙，而且此次湯大法官受邀做國際性的演講，對宣揚台灣的司法，甚至整個國家有重要的意義，所以才做出決定。我決定了是算數的、有效的，蘇副院長冒失地跑去阻擋湯大法官，是沒有依據的。」

接著，賴浩敏轉身面向湯德宗，平靜地囑咐：「湯大法官，你就照我的意思。」

（三）美河市釋憲案

另一次的意見不合，是美河市釋憲案。

當時蘇永欽出人意表地在公開場合發言，指美河市不屬違憲範圍，無法申請再審。

此舉立刻引來多方不同反應：反對黨立委猛烈批評，並揣測蘇永欽的發言是替可能牽扯進美河市案的「前台北市長馬英九」保駕護航。

律師顧立雄則批評大法官只能對法規做抽樣審查，不能管個案，且蘇永欽是大法官又是司法院副院長，以副首長之尊襄助院長綜理院務，影響不可謂不大，公開發表逾越職務的言論，且發言涉及事實判斷，根本是干預審判。

民間司改會則依《法官法》規定，將蘇永欽移送法評會進行個案評鑑。各方抨擊聲不斷，並提出質問：蘇永欽的意見能不能代表司法院？

於是，賴浩敏召開全體大法官會議，決定如何對外說明。因為蘇永欽是當事人，此會議刻意沒有讓他參加。

在會議上，十四位大法官皆認為隨便發表個人意見是不妥的，尤其身為副院長更不應該。最後，在再三斟酌字句之後，大法官集會結果將一句「多數大法官認為宜避免」改成「部分大法官認為不宜」，接續「咸認為尚沒有到達懲戒的地步」云云。接著大家輪流簽字，公開發文出去。

大法官會議對外發文後，蘇永欽非常不高興，怒氣沖沖跑來找賴浩敏抗議。

「啪！」蘇副一坐下來就拍桌子，不高興地說：「院長你為什麼這麼做？」

「這不是我個人的意思，是十四個大法官的共同表態。而且我們一再修飾行文，務求盡量不傷害到你及我們整體。」賴浩敏心平氣和地回答。

賴浩敏問心無愧，自認已盡可能適當處理，發文內容並無不妥。之後兩人也未再爭執下去，但這件事不能就這樣了結。

下回大法官會議，賴浩敏對著全體大法官說：「今天我要借用大家一點時間講一些話。我的目的不是報復，不是發洩，不是生氣，而是要避免歷史重演。」

「我活到這把歲數，從沒有人對我拍桌子，沒想到竟然有一個大法官在我面前拍桌子。大家都知道，這件事不是我一個人的意思，是經過開會決定的，這樣的處理我自認問心無愧，也沒有愧對或冤枉任何人。」

「總而言之，希望下次不要再歷史重演了，一方面大法官不要隨便公開發表意見，一方面不要再拍桌子。」賴浩敏的結論鏗鏘有力。

事後，一切像未曾有任何事似的，賴浩敏繼續主持會議，副院長也和平常一樣坐在旁邊，看不出心結或疙瘩。

「院長跟副院長和解了？」大家面面相覷。

對於這件事，有大法官為賴浩敏抱屈，也有大法官讚美賴浩敏大量，但他都一笑置之。對他而言，根本無所謂和解不和解。遇有不對的地方，他選擇把事情攤開來講，不去記恨，總是該怎麼做就怎麼做。

臨場機智，轉問題為話題

二〇一三年五月，司法院貴賓廳天花板突然下陷，由於有坍塌之慮，須即刻封閉整建。

司法大廈原址是供奉關公的台北武廟，為清朝時台北城居民的精神寄託之所，日治時期一九二九年關廟被拆除改建為法院，由日本總督府官房營繕課長井手薰設計，並由池田組、台灣本土的台北桂商會共同施工，於一九三四年完竣，內設台灣總督府高等法院、檢察局、台北地方法院，是日治時代台灣地區最高司法機關。

一九四五年二次大戰結束，日本投降，中華民國政府接收台灣，原本被稱為「台北高等法院」的這棟衙署建築，正式被改稱為現今的「司法大廈」，並供司法院等機關進駐使用。

這棟量體龐大、顯現威嚴感的巍巍建築，於一九九八年獲內政部指定為國定古蹟至今。是各國司法界貴賓來台必訪之所，司法院總在藉由介紹建築之美後，說明台灣司法施政重點與展望。

然而，司法院既已被指定為古蹟，是為國家文物，維護整修須報請主管機關（文建會，現文化部）同意許可，預估開工到完工至少須費時半年。在此同時，貴賓廳卻早已安排兩天後接待多明尼加最高法院院長何爾曼伉儷，以及美國著名的中國及東亞法律專家、時任紐約大學法學院教授及亞美法研究所主任的孔傑榮等國際貴賓。

由於司法大廈空間本已不敷使用，加上這個突發狀況，短時間內也找不到適合接待之所。相關廳處正在發愁之際，賴浩敏趕緊下令，把自己辦公室外面的會議室布置為臨時接待室，並命人立即製作一面仿牆，把貴賓廳需要施工之處遮住，讓不需要施工的三分之二空間能夠使用，不須跟著荒廢一年半載。

五月底，二組貴賓如期來訪，在「院長室」寒暄一陣後入座，賴浩敏察覺訪賓對於沒有在貴賓廳被接待一事感到疑惑，立即主動對訪賓說明：

「我代表司法院誠摯熱烈地歡迎各位貴賓，但我有兩件事要向各位道歉：第一，各位貴客遠道而來，原本應該要在貴賓廳接待您們，以表示我們的重視。不巧的是，目前貴賓廳有部分正在進行維護工程，因為司法大廈是指定古蹟，相關作業相當繁瑣，所費時間也較長，以至於來不及在各位貴賓到訪前準備好。今天容我利用個人辦公室來接待各位。」

「第二……」賴浩敏清清喉嚨，「我最近開會太多，說了很多話，所以聲音變成這樣，其實我原來的聲音是很好聽的。」

訪賓們捧腹大笑，尷尬氣氛頓時一掃而空。

接著，因賴院長提及司法大廈本是「指定古蹟」一語，大家便舉頭環視臨時的會客室，討論起世界各國司法首長的辦公廳舍、建築上的優缺點來。大家從硬體聊到軟體，慢慢把話題延伸到司法實務，交流過程意想不到地自然愉快。

多虧賴浩敏機智的臨場反應，擅用手邊題材來引導話題，使得同仁們都十分佩服，笑稱他為「點子王」。

賴浩敏自謙，身為司法首長，與世界各國法界高層接觸頻繁，除了嚴肅的法學研討外，他發現在一些軟性行程中，外賓們也會希望聊聊藝術、運動，或者台灣特有文化之類的話題。

常常談天的主題天南地北、無所不包，所以，賴浩敏在日常生活上也對各種事物有所涉獵，才能讓每一次談話愉快而深入。

隨時不忘學習，樂在學習，肚子裡有料，與人交談不乏話題，即便是偶發狀況亦能順勢應答，這也是賴浩敏時常被讚以「急智多謀」的原因。

孜孜矻矻，促進國際司法交流

鮮少有人知道，一路由建中、台大、東大畢業，課業成績斐然的賴浩敏其實很討厭死讀書，在他的心目中，將大學生分成四流：第一流的學生是既會做事、會玩，也會讀書；第二流的學生是會做事、會玩，但讀書差了點；第三流則是會玩，卻不會讀書，也不會做事；至於第四流，不用說，就是什麼都不會的那種。

他把「會做事」跟「會玩」擺在前面，因為他認為人間處處是學問、落花流水皆文章。對周遭人、事、物多用些心，保持思考的習慣，才能獲得更多更廣的知識，勝於讀死書。

司法院長一職，除了專業的法學知識之外，也經常需要與各國司法機構交流，賴浩敏憑藉多年來體悟的人生智慧，讓他雖然沒有任過公職，六年餘政績卻是洋洋灑灑。不僅定時舉辦國際法學及司法座談會、研討會，廣邀各國知名學術人士和司法首長來台，以掌握國際趨勢脈動，更多次與友邦和中國進行司法交流。

例如他曾以總統特使身分，出訪聖多美普林西比共和國，祝賀該國總統就職。在聖國期間，會晤該國最高法院院長，商談兩國司法合作互惠事宜。他曾親自率團考察日本裁判員制度、研究日本最高裁判所大法庭、小法庭及調查官制度，並

左：2012年8月30日出訪宏都拉斯，簽署《台宏司法協定》，與宏國羅博總統合影。
右：2015年7月，出席「兩岸四地司法高層論壇」（右二）。

參訪日本司法支援中心、各級法院，為推展我國人民參與審判制度、大法官審理案件法庭化、終審法院採大法庭制等留下許多珍貴的參考資料。每有機會訪問他熟悉的日本時，他還會掌握時機，順訪交流協會、母校東京大學、及國際知名學府：如早稻田大學等機關、學校，洽談建立我國法官赴日進修之合作方案與研習方式。

此外，他與友邦宏都拉斯簽訂《台宏司法合作協定》、與蒙古國憲法法院簽署司法合作協定、與友邦瓜地馬拉來訪之最高法院院長簽訂《台瓜司法合作協定》、協調成立兩岸四地司法高層論壇，每二年輪流舉辦一次，為兩岸四地之司法機關成功建立互信機制、溝通平台。

諸多功績不及備載。公務之外，亦有許多外賓對於他幽默風趣的談吐印象深刻、

2011 年 11 月，率團訪問日本最高裁判所，是台日司法史上的「破冰之旅」。

念念不忘。美國著名的中國及東亞法律專家——柯恩・孔傑榮教授（Jerome Alan Cohen）幾乎每一次訪台總會相約來司法院與賴浩敏交換意見；AIT駐台北辦事處長司徒文曾經當面誇獎賴浩敏：「很聰明」；韓國代表年年送他空運來台的泡菜，讓賴浩敏嚐嚐道地的韓國味兒；更別提交情甚篤的歷任日本代表了。

台大榮譽導師，教育學校之不足

二〇〇三年初，台大法律學院許宗力院長（現任司法院院長）寄來的一紙邀請，讓賴浩敏就此成為榮譽導師，連續十餘年從未間斷。

原來，該學院學生事務委員會一致推薦了賴浩敏，認為他足以成為學弟學妹的楷模，而賴浩敏本人也覺得能協助同學們開拓視野、認識社會，並且確立人生志向很好，因而欣然同意。

無關乎學校編制，教學形式不拘，榮譽導師可自行決定十名以內的導生，也能指定導生的條件及資格。

雖然是無給職，這種教育和傳承模式卻與賴浩敏的理念十分契合。他每年都接受三至十名導生，讓學生到辦公室或家裡聚會聊天，安排他們參觀法律事務所、法院等司法機構，邀他們旁聽開庭情形，甚至自掏腰包請客吃飯，希望學生親身體驗司法大環境。

至於傳授、分享的內容，除了不讓青春留白的戀愛經、不把翹課當回事等跨世代的共同話題外，這位超級學長慷慨分享數十年累積的人生經驗，他的能言善道總是讓學生們聽得津津有味，教學極受歡迎。

在擔任司法院長期間，雖然很忙，賴浩敏仍然繼續收學生，關於司法院內的軼事，學生們則更愛聽了。

不過傳承經驗、談笑風生是一回事，認真說起來，賴浩敏最希望的，是補足學校教育不夠的區塊：品格培養。

他認為，「品格」是作為一個法官最核心的條件。專業知識容易得手，google一下馬上就有，難的是法律人如何在平時即努力培養好品格。

「沒有老師在教怎麼樣做法官，怎麼樣做律師，怎麼樣做一個人、一個基本公民。學生缺少的其實是品格教育！我很難想像一個品德不好、沒良心的法官會做出好的判決出來。」賴浩敏向來把品格教育擺在知識傳授前面。

「例如開庭，女法官如果像潑婦罵街，男法官如果惡行惡狀像流氓，這種沒教養的法官做出來的裁判有可能服人嗎？這還是外表看得到的，看不到的最可怕，就是內心。」賴浩敏強調。

制度的缺陷可以靠學識、靠良知去彌補，司法改革卻需要時間，需要教育。

心態不正的話，再好的制度也沒用。這也是賴浩敏不論在談司法本質、法官養成、判決品質，念茲在茲，一定回到最根源的「良心」。

此外，他相信法庭是講理的地方，參與的各方都盡職、講理、捐棄己見、不斷對話，方為人民之福。法庭上是如此，而平日的交流也同樣重要，可是為避嫌犯忌，法官與律師有「默契」地不相往來幾成常規。

他也舉自己為例，當年剛從日本留學回來，還沒有自己的房子時，因為范光群有法官宿舍，他就住在范光群家裡當律師。

「足足半年時間，很少人知道我住在他家裡，也沒有人知道我和他是連襟，所以沒給他帶來任何困擾。」他說。

賴浩敏主張，只要心態端正，為人清清白白，處世便自有分界。他認為法官和律師應有正常的社交活動，與社會各階層一樣，否則怎麼知道人情世故，如何讓裁判合乎社會的通識、國民的法律情感？

他還提到，英國制度上的 **Inn of Court**（律師學院、法曹會館）就是一個培育司法人才的搖籃，也讓審檢辯有一個公開、透明的社交活動場所，同道間相互鼓勵、關懷、協助、教學相長，促進良善交流。因此，賴浩敏從根本的品德教育做起，指導學生們養成正派、坦蕩的品格，自然能保持公正廉明的良好操守，這也是他十數年來誨人不倦的最大盼望。

（一）為維護倫理次序，同性婚姻應另立專法

二〇一五年，日頭赤焰的八月天，司法大廈外彩虹旗幟飛舞飄揚，院內，「台灣伴侶權益推動聯盟」就同性二人婚姻自由案，正式向大法官遞交釋憲聲請。

「我不反對啊！」賴浩敏說：「對同性戀我不排斥，也不會歧視，更不會去干涉審判釋憲。但是承辦大法官來問我，我當然就表示了看法。」

他認為同性婚姻與異性婚姻有本質上的不同，異性婚姻的基本目的是傳宗接代，而同性婚姻並非如此。

「所以，不能用同樣的法規來規範它，保護它，這是兩碼子事。若是硬把它和異性婚姻比照辦理的話，我是不同意的。」賴浩敏表示。

賴浩敏的看法是設立一個《同性伴侶專法》，並對雙方稱呼、收養子女、互相扶養義務、繼承……等條文都有明確規範。再則，另立專法也可以避免讓異性婚建立多年的倫理次序變得混亂。

因此，直到賴浩敏卸任後，二〇一七年二月的大法官會議才正式受理釋憲聲請案，並於三月二十四日進行言詞辯論，開庭全程直播。

同年五月二十四日，司法院公布釋字第七四八號解釋，釋憲結果宣告，《民法》沒有讓同性有親密性及排他性之永久結合關係，與《憲法》第二十二條保障人民婚姻自由與第七條平等權規範之意旨有違，於此範圍內違憲，行政與立法機關需要在兩年內修正或制定相關法律，逾期未完成法律之修正或制定者，同性二人得依現行《民法》規定登記結婚。

也就是說，現有婚姻法違憲，就違憲部分必須在兩年內修定，逾期未完成修訂，同性兩人依現行《民法》准予登記結婚。

這個劃時代的釋憲，也是蔡英文就任總統後的第一件司改兌現。

對此，賴浩敏感到不解，同性婚的問題真有那麼急切？他覺得比起同性戀婚姻議題，民意對死刑存廢的主張反而更為強烈。

（二）應否廢止死刑：「一路哭不如一家哭」

當被問及對死刑存廢的看法時，賴浩敏回答：「一路哭不如一家哭。」什麼意思呢？

賴浩敏表示，誠然死刑是不得已的，如果能廢死刑當然很好，但為什麼會有死刑的存在？從社會防護論來說，若這個社會的公義、公共利益、公共秩序一直被侵蝕，沒辦法自我防衛的話，社會勢必毀滅。這時，你就不得不考慮犧牲比較小的去完成比較大的存在。

「一家」哭，總好過整個社會「一路」哭。這是賴浩敏從社會防護論對死刑存廢的看法。

台灣目前對廢止死刑的意見，經歷年相關民意調查，始終有百分之八十的受訪者表示贊成死刑；深究其因，「殺人償命」仍是民間根深柢固的倫理觀念，若殺了人不會受到死刑制裁，難以服眾，勢必引起大多數人的不滿！

再者，是因果報應的威嚇效果，殺人會判死刑跟不判死刑所達到的嚇阻作用確實有所差別。

當然，持不同意見者也有教育刑、目的刑的說法，理由是犯罪者是生病了，整個社會都有責任，不該讓犯罪者完全負責，所以不應剝奪其生命。

但賴浩敏還是要問，社會情況要被侵蝕到什麼程度才用重典？威嚇主義有沒有效果？留下十惡不赦的罪犯一命，對社會比較好嗎？或者其實是犧牲了社會公益？以上，皆是非常值得重視的議題。

賴浩敏個人還是比較傾向「當社會秩序的維持不需要靠死刑做手段時，則死刑可以廢止；反過來說，若還有需要的話，就不宜廢止」。

賴浩敏以為，就目前台灣社會看來，要走到可以廢止死刑的狀態，恐怕還有相當距離。

千帆過盡，浪濤無懼

（一）簡單的信念

賴浩敏的字典裡，沒有畏懼。「不怕做錯、錯了就改！」處之泰然是他畢生的信念，也是在所有順境與逆境中奉行的圭臬。

被任命為司法院長，成為史上第一個執業律師當大法官。賴浩敏證明了自己不但能做，而且做得很好。之後，司法院重修大法官任用提名資格，除了法官做滿十五年之外，律師執業滿二十五年亦可擔任大法官。黃虹霞成為第一個律師公會推薦的大法官，就是依此條款提名。

「錯了就改嘛，又不是什麼可恥的事。」賴浩敏表示。

就像他自修日文、台語，也從來不怕講錯，不怯場的結果是在留日考試中得到口試第一名，在律師事業上贏得諸多日商大客戶，還為台日交流做出重大貢獻，從日本天皇手中接過旭日大綬章。

至於台語，來自苗栗鄉下的他自小就是說客家母語，上大學後上課使用國語，直到畢業仍對台語相當陌生。這樣不諳台語的他，在加入以台語為主要溝通語言的扶輪社後，硬是把台語練到不但可以說唱，還敢用台語上台發表演說。

沒錢結婚？就借啊！想出國留學念書，就考啊！不浪費時間猶豫，不患得患失，淡定從容的性格讓賴浩敏一路昂首闊步，過關斬將。

回顧一九六〇年代的律師與司法官高考可說比登天還難。當時國民政府遷台以來自大陸的外省司法官填補日本人留下的遺缺，雖有辦理司法官國家考試，但名額在排擠後非常的少。直到一九五七年後，才以全國公務人員高考的方式舉才。

然而高考並不單純只依考試成績決定，還有省籍名額的限制，本省籍生要通過高考的困難度相對提高。例如律師，一方面辦理律師專門職業高等考試；另一方面又開放擔任一定時間的司法官、軍法官、法學教授等，以「檢覈」的方式取得律師資格。

尤其前者的錄取率極低，在一九五〇到一九六〇年十年間，總共只錄取了一百四十七人。

一九六一年，賴浩敏大學畢業那年，報考人數是三百八十五人，從中錄取十一人，錄取率非常低。

如此高難度的考試，對應考的法律系學生當然是趁早準備方為上策，所以從一年級開始高檢，二年級就考取了法官、律師才是常態。

但賴浩敏並非如此，他還是秉持「做什麼像什麼」的態度，做大學生就享受大學生活，交女朋友、讀課外書，一次也沒去考高檢、高考，直到畢業後才去考，而且一次就考取了。

「即使只有百分之一的錄取率，我仍然有機會，不要小看自己的潛能。」賴浩敏告訴自己。

沒錯，賴浩敏碰到什麼環境都能適應、碰到什麼狀況都能淡然以對，盡心盡力、為所當為正是他的一貫作風。

勝不驕、敗不餒，即便敗北的時候，他也坦然面對。司法院長任內，他費盡多年力氣推動人民參與審判的觀審制，雖有總統馬英九的支持，但即便身兼黨主席也影響不了立法委員。

《觀審制試行條例》送進立法院，卻直到自己院長卸任了都過不了。儘管可惜，賴浩敏也只是淡然以對。因為他已經「盡心盡力做了」，所以俯仰無愧。

（二）過往情誼永誌不忘

惜情重情的賴浩敏對於幫助過他的人總不忘感恩，時時想方設法回報，但每憶及與司法院林錦芳前祕書長的緣份，心頭總是一陣痛。

賴浩敏與林錦芳共事六年，祕書長是司法院長的幕僚長，也是整體司法行政事務的指揮中樞，在司法改革政策的擬定與推動上，是至為重要的關鍵人物。

尋覓祕書長一職之初，賴浩敏並不認識林錦芳，只聽聞她是位資深績優的法官。晤談之後發現雙方理念契合，加上林錦芳品格高潔、學經歷都非常優秀完整，在多人的推薦下，賴浩敏再三敦請，終獲林錦芳首肯。

兩人同在司法院的期間，賴浩敏非常欣賞她細膩周到的心思和明快果決的執行能力。也曾經向馬英九總統力薦林錦芳接任最高法院院長一職，對其信任與推崇可見一斑。

直到二〇一六年七月，適逢台灣執政黨輪替，賴浩敏向蔡英文總統遞出辭呈，林錦芳也依民主政治的慣例一併表達去意。

在賴浩敏的推薦下，林錦芳一度成為台灣司法史上第一位女性副院長人選，可惜政壇的波瀾讓她灰心，乃發表：「任何職位均可放棄，但名譽與尊嚴必須捍衛！」此一壯闊聲明。

二〇一六年中，林錦芳的健康亮起紅燈，即使身影日益憔悴，卻仍在司法院祕書長任內努力拚搏。而卸任後的靜養也沒能讓林錦芳健康狀況好轉，竟在二〇一八年的除夕夜難敵病魔，與世長辭。讓賴浩敏深感歉疚與無奈。

「心如刀割，悲痛萬分。」

賴浩敏對林祕書長的追思悼詞滿是不捨，即使千帆過盡，天人永隔，往日公誼仍常駐賴浩敏心頭。凡走過必留下痕跡，政績如是，情感亦如是。

持續的力量

五十米標準水道的師大游泳池，賴浩敏以穩健的速度，來回連續游上二十趟不曾間斷，這是他的固定晨課，也是他保持體力的祕訣，多年來風雨無阻。

游完一千公尺，大概僅需二十七八分鐘，除了驚人的體力，也需要恆久的耐力。

回首六年前，被馬總統提名為司法院院長時，賴浩敏曾表示自己年紀太大，當時馬總統回答：「中央部會首長裡頭，有幾個能一下水就游個一千公尺？您很健康，年齡不是問題。」

妻子古登美與賴浩敏約定，七十歲後就要相偕退休，兩人一塊兒遊山玩水，對此，馬英九甚至親自向賴浩敏的妻子道歉：「對不起啊，委員！」

「唉，你年紀那麼大了，又常常因為壓力或掛記而睡不好覺，即便前晚沒睡好，隔天也會強撐著打起精神，真要去扛那麼重的擔子嗎？」古登美憂心忡忡地說：「這年齡想出去玩，連旅行社都不見得收了，只能跟扶輪社友一塊兒出去。院長要常常出差，身體哪兒受得了？」

壓力帶來的後遺症反應在賴浩敏的健康上，他曾經受帶狀泡疹之苦，也患過嚴重過敏，皮膚上出現一塊塊紅斑濕疹，連醫生都提醒他要多放鬆。尤其在一次摔傷之後，暈眩的症頭更是如影隨形，古登美只好時常叮嚀隨扈，在上下階梯時靠近些或上前攙扶。

然而馬英九總統對賴浩敏的信心，恰好點出了賴浩敏堅持做正確的事、持之以恆的特質。

在任六年證明，賴浩敏確實不負所託，持續讓司法改革路一直保持穩健行進。回顧任職期間的種種事蹟：

一、完成多項法案的制定、修正。

二、推動「人民參與審判」制度，除完成制定試行法案外，並舉辦了五十三場的各式模擬法庭審判，對於我國未來「人民參與審判」制度的確立，助益匪淺。

三、推動兩人權國際公約相關業務、司法國際化、推展國際交流、合作。

四、司法人員研習所改制為法官學院，成果獲得國內外司法實務界、學術界的肯定，互惠、交流十分活絡。

五、在法官多元進用、建立法官評鑑與退場機制、成立職務法庭、廣設專業法庭，推動司法E化、建置線上起訴系統、科技法庭、量刑資料系統，以及廢除終審法院的保密分案制度等政策上，已展現一定的成績，有助於司法的專業化及透明化。

一點一滴累積，一步一步前進，賴浩敏對自己的任職成績，只含蓄地表示：「雖非燦爛輝煌，亦堪稱穩健平順。」

不過，他還是特別提出，就法官工作負荷及待遇合理化方面，仍感成效不足，不免愧疚、遺憾。

在司法院出版的《軌跡》賴院長施政紀實中，序上題字：「俯仰無愧天地間，褒貶自有春秋載」。正符合他一貫的風格——凡事但求盡心盡力，至於褒貶則不去考慮。

專心一意於眼前的任務，就算路再長，擔子再重，賴浩敏都走得踏實，走得穩當。

二〇一六年十月的最後一天，在十餘位大法官、三位終審院長、所屬機關以及司法院各廳處室百餘位首長、同仁的祝福聲中，賴浩敏滿面欣慰，卸下了肩上的擔子。

馬英九總統以「研究法學，富有政治經驗，聲譽卓著者」提名賴浩敏，讓賴浩敏（前排中坐者）以律師身分擔任司法院大法官並為司法院院長，開創中華民國建國以來新例。賴浩敏不畏流言，在任六年發揮所長，以多項具體事蹟，讓司法改革路一路穩健前行。

Chapter

5

回首來時路：人在做，天在看

無論是做律師、做司法院長，還是得到日本天皇親授的旭日大綬章，在賴浩敏淡泊的心裡皆無差別。面對大風大浪卻能臨危不亂、心緒不起波濤，因為他相信「人在做，天在看」，凡事但求盡心盡力，人言褒貶則無須多慮。

而這一路以來相知相惜、相伴相挺的，除了不嫌棄他窮，「勇氣可嘉」的妻子，便是從少壯結識，志同道合的幾位摯友了。那是再多的財富、再大的官位也比不上的。自稱生平胸無大志但有強烈責任感的他，對人對事總以最高誠意相待，生命當然也報以最激昂的回應。

2014 年 3 月 12 日，法官學院暨台北高等行政法院新廈落成啟用植樹典禮上，賴浩敏用「要怎麼收穫，先怎麼栽」這句話自許勵人。

五福俱全，一切淡然

司法院歡送賴浩敏院長的茶會上，大法官陳碧玉羨稱賴浩敏是一位「事業、家庭、子女、健康、財富」五福俱全的院長。外界總以「平步青雲」來看待賴浩敏的仕宦之路。殊不知他是一個來自苗栗鄉下的窮人家小孩，從所謂的五級貧戶，拚到能在人稱蛋黃區的台北市精華地段，買下落腳的房子，更從兢兢業業了大半輩子律師遇上人生急轉彎，接下公職，步上仕途，再一躍成為五院首長，這樣的人生實在不簡單。

而賴浩敏從不好高騖遠、追求名利。自建中初中、建中高中、台灣大學都拿清寒優秀獎學金，從沒有繳過註冊費，而且還享受到獎學金，他只是本著報答國家栽培初衷，積極參與公共事務，奉獻綿薄心力而已。思及堪稱順遂的半生，賴浩敏自己也不時「謝天、謝地、謝祖宗」，但求「做什麼像什麼」，把該做的事情做好。

「我們的爸爸是不知挫敗為何物的人。」這是賴浩敏兒子眼中的父親。

「我只是秉持『生存之道』，碰到問題，就面對它、接受它、包容它。」賴浩敏自謙道。

長年維持游泳習慣的賴浩敏（左一）攝於台大游泳池畔。

以淡然的態度面對所有起伏，不自怨自艾，不驕矜自滿，眼中的人生航路自然無風無浪。

生命的坦途，是自己踩平了崎嶇。青澀年少時期的創傷沒有讓賴浩敏走上歧路，成人之後，他勇於在敗壞的司法環境下為當事人爭權益、為律師爭尊嚴，甚至在非常時期下，力矯扭曲的法治規章。正是一顆淡定清靜的心，伴他面對一場場硬戰，關關難過關關過，終能「五福俱全」。

例如事業，作為一個法律人，在講究人脈、攀關係走後門是為王道的司法沉淪時代，要想堅持「為所當為，言所當言」，豈非跟龐大的體制過不去？與手握判決輸贏的法官大人過不去？更和自己穩賺的律師前途過不去？

但是賴浩敏敢言敢當且無所畏懼，所以，對著當事人甩卷宗，正面挑戰專橫的法官，還一路告到高等法院等種種有違「法界常態」的事蹟傳遍業界，連妻子都時常勸他不要「太硬」。

然天理昭昭，這些有違當時潛規則的「硬派作風」，竟沒能阻礙賴浩敏的成功之路，成為他的絆腳石。相反地，倒是替他建立起專業的風評，奠定正直的形象，並帶來更多信賴他的客戶。

所謂的「五福俱全」，看似直上司法金字塔之頂，其實是篳路藍縷、披荊斬棘的辛苦成果。

「該怎麼做就怎麼做，我不喜歡把事情想得太複雜。」賴浩敏簡單地為自己的信念下了註解。

泰然處之，不為看似艱難的逆境所困，賴浩敏以不屈不撓的堅定意志掙得了事業上的福氣，也迎來家庭、子女、健康以及財富等另外四福。

賴浩敏與妻子古登美，從少年一路牽手扶持、鶼鰈情深
（攝於古登美生日宴）。

理性與感性，牽手共行

俗諺有云：「成功的男人，背後都有一位偉大的女人。」然而，這句話並不完全適用在賴浩敏與愛妻古登美身上。因為，古登美不是站在賴浩敏身後，而是與他並肩而行，兩人同樣偉大。

誠如賴浩敏在國際婦女法學會為女性法律人編撰的《她們，如此精采》一書中所言：「登美的好，講也講不完。」

細數古登美和賴浩敏相知相惜的緣分開端，當從古登美當年意志堅定、不顧勸阻，嫁給賴浩敏一事說起。當初兩人論及婚事，古登美明知對方家無恆產，身為長男的負擔又重，仍毅然決然跟著感情走。

消息傳出時，台大政治系的彭明敏教授出於關切，特地跑去法律系辦公室親眼瞧瞧助教的乘龍快婿長得什麼模樣。

就連古登美的母親都勸阻女兒：「嫁過去不是幫著扛擔子嗎？」但是古登美的父親卻很喜歡這個女婿。古登美的父親和賴浩敏的舅舅是好朋友，讀台大時，賴浩敏寄住在舅舅家中，每當古老先生登門造訪，賴浩敏便殷勤地泡茶給這位長輩喝，因此頗得好感。

古登美事後回憶起來，笑稱茶裡不曉得放了什麼魔咒，讓賴浩敏贏得未來岳父的心？「也許是父親看那位翩翩少年很乖巧，書又讀得好吧。」

「現在窮沒關係，有將來比較重要。」父親告訴古登美。

嚴格說起來，讓古登美勇敢做出這「不理性」決定的主因，是賴浩敏獨樹一幟的「理性」魅力。

「他非常理性、非常果決。而我自己是常常猶豫不決、三思後卻不能行的那種人，他的長處正是我的短處，也是他吸引我的地方。」古登美話鋒一轉：「可是啊，我事後想想，這個吸引我的地方也『害』了我一輩子。他理性起來是六親不認的，常常講：『妳要吵架不要跟我吵，我是律師，妳絕對吵不過我。』」

「真的，跟我吵架是傷害自己。」賴浩敏承認。

曾經賴浩敏約古登美去看電影，卻不肯買零嘴帶進戲院邊看邊吃，還說：「看電影就看電影，為什麼要吃東西？」讓古登美埋怨他好沒情調。

還有一次，身為長女的古登美為了把家務做完，延遲了赴約的時間，因此被理智且守時的賴浩敏罵了一頓。

「我會嫁給這種男人，實在很奇怪。」古登美幽了自己一默。

「真是奇怪。」賴浩敏點頭。

兩人長久相處下來，早就自立了一套「吵架哲學」：速吵速決，切忌冷戰。

時至今日，已做了五十多年「賴太太」的古登美打趣道：「我嫁給你是用賭的。」

「哦，你賭很大喔！」賴浩敏笑著問：「那妳賭贏了嗎？」

「還沒結束，我怎麼知道？」古登美回答。

詼諧的對話和默契絕佳的相互配合，儼然成為這對可愛夫妻攜手共度半世紀的相處模式。儘管夫妻二人相互調侃，幸福的婚姻生活在在證明了古登美是不可多得的賢妻良母。

剛結婚時賴浩敏的事業才正起步，租屋與兩個弟弟同住，自然是得省吃儉用。待律師業務漸入佳境，收入較豐後，古登美又鼓勵他繼續進修，幫著報名日本留學考試。

賴浩敏留日期間，古登美一人留在台灣，邊教書邊帶孩子，還要幫忙照顧兩邊家人，台北、苗栗兩頭跑。賴浩敏回國後也未見輕鬆，由於律師工作極為繁忙，常常是一早出門，晚上七、八點才回家，進門後還帶著卷宗，繼續埋首寫狀子，忙碌直到深夜。

胼手胝足的幾年來，賴浩敏一心奮鬥事業，家中全由「長嫂如母」的古登美撐了起來。

古登美，曾是彭明敏教授所授《國際公法》全班最高分的優秀學生，在台大政治系任教四十八年，期間借調省政府委員六年，後又擔任監察院監察委員、法律扶助基金會董事長。監委任內曾調查拉法葉艦採購案、江國慶案等，都是備受注目的大案，工作並不輕鬆，法律界人稱捍衛弱勢的「現代俠女」。

許水德邀賴浩敏擔任中選會委員時，行政院長李煥曾問：「賴浩敏是誰？」「就是古登美的先生。」許水德回答。足見古登美自己的事業亦經營得有聲有色。

回到家裡的俠女則是挽起袖子，料理一家飲食，督促孩子作業的好太太、好媽媽。陪長女貞儀做家政作業、繡十字繡、車六片裙；悉心烹煮加熱以後菜色不會變差的便當，重視營養均衡；充分發揮客家女子勤勞儉樸持家的美德。

金錢方面，賴浩敏全數交由妻子管理，古登美也毫無私心，把自家、婆家都打理得妥妥當當。早些年，不但把家用供給賴浩敏的弟弟們讀書，一直到大弟政大畢業就職，小弟留美完成博士學位，定居美國後，仍按月寄錢回苗栗鄉下，假日更開車回去陪伴婆婆，還做了一大桌菜餚與家人同歡。

村裡高中教師退休的鄰人看在眼裡，曾為此訓斥自己在北市府任公務員的媳婦：「妳做個小公務員真偉大，回到家只會茶來伸手、飯來張口。不看看人家古教授，家事樣樣行，做得比專職家庭主婦都勤快，妳難道不覺得慚愧嗎？」

到賴浩敏母親邁入晚年，需要較多照顧時，賴浩敏心生放筆錢在弟弟那裡的念頭，讓弟弟就近照料母親，不必為經濟擔憂。沒想到古登美知道了，二話不說立即匯款，讓賴浩敏與家人由衷感動。

這樣一位堅強獨立的女子，認為自己在大學任教的時間較為自由，所以體恤夫婿，將家務和孩子們的大小事全都攬在肩上，一手包辦。除了督促課業、料理三餐，甚至隻身飛往美國幫長女做月子，任何困境皆無所畏懼。

「我們家是女主內、女主外。」賴浩敏笑說。

「應該是，你主外，我主內，但我又有我的外。」古登美補充。

正因為有了賢妻的內外兼顧，才能讓賴浩敏一心專注於司法，扛起重責大任。知道賴浩敏喜歡吃麵條，退休以後，即便自己興趣缺缺，古登美仍經常煮香蔥肉汁拌麵給丈夫吃，而且一定會附上一盤青菜，重視營養均衡。賴浩敏講究養生，不愛吃甜，包括絲瓜、瓢瓜等帶點甜味的蔬菜也不吃，甚至食材種類太多樣的羹湯類他也不喜歡，說那是「亂七八糟」的玩意兒。所以從娘家傳承而來的手藝，古登美都會自動刪去食譜中的冰糖，修改為丈夫能接受的口味。

「媽咪，那妳吃什麼？」賴浩敏親暱地問。

「我呀，隨便挖一點白飯也可以過日子。」古登美不介意地說。

小女兒君儀常罵媽媽：「把爸爸寵壞了，他什麼都不會做，連自己衣服都找不到了。」

愛妻香蔥肉汁拌麵（右）與講究的養生早餐（左）。

「她什麼都做完了，那我只好享受啊！」賴浩敏調皮地說。

賴浩敏對愛妻的貼心，其實深藏在生活中不著痕跡的細節裡。例如賴浩敏重視穿著體面，夫妻倆一起外出購物，會主動挑些適合古登美的衣服給她。當古登美拿不定主意，賴浩敏總誇她穿哪套都好看。

「小姐，全部包起來！」賴浩敏豪氣地吩咐。

偶爾，賴浩敏也會親自下廚露兩手，炒個香噴噴的蒜爆青菜，或是做一道客家招牌的麻油雞。有時他也拖著菜籃子，陪愛妻古登美上菜市場。

有一回在電梯裡，兩人巧遇鄰居蘇醫師，蘇醫師說：「賴律師，我會被你害死！我太太老是唸我，說人家賴律師都會陪老婆去買菜！」讓賴浩敏和古登美啼笑皆非。

賴浩敏還曾經送了一座龍形琉璃給古登美，因為古登美生肖屬「龍」。古登美也很風趣，回送了一座賴浩敏生肖的「虎」形琉璃，象徵二人的結合是「龍虎鬥」！

「人家說這樣不好，可是我覺得我們鬥得很好呀！」賴浩敏說。

有時，賴浩敏會不自覺盯著古登美看得入神。

「看什麼？難道你不認識我啊？」古登美問。

「我喜歡哪！我覺得妳很美，是有內涵、有智慧、有深度的知性美，歲月從來不曾使妳在我心中變得不美。」賴浩敏偶爾也有嘴甜的時候。

結婚三十、四十、五十週年時，賴浩敏特地安排兩人拍攝紀念婚紗照。身為不愛應酬、只光顧熟悉餐廳的宅男，也會帶著愛妻

專注於畫中、享受作畫樂趣的賴浩敏。

習畫多年的古登美女士自畫像。賴浩敏在東京大學讀碩士第三年的時候，古登美留下三個多月大的兒子和兩歲的女兒，也到東京大學進修。剛到日本某日，在橫濱望著海，思念兩個孩子的神情，被賴浩敏拍下照片，她因此創作了這張自畫像。每次望著這張畫，就想到當時的心焦，只要聽到鄰居小孩的哭聲，一顆心就會揪起來的難受。

賴浩敏夫婦的半身銅塑像。

享用一頓羅曼蒂克的晚餐。

二〇一四年四月，兩人在福華飯店慶祝結婚五十週年紀念。在包括賴浩敏九十三歲的老岳母等眾親友及當年擔任伴郎的舅父之子范發耀（表弟）、伴娘古節美（新娘胞妹）、司儀范光群（台大同窗、節美之夫）的見證下，兩人交換象徵「金婚」的黃金對戒，手牽手合力切下雙層蛋糕，交飲香檳，子女、孫子女圍伴在側，耳邊傳來的是柔情依依的音樂〈最浪漫的事〉。

上館子也好，下麵條也罷，老夫老妻，即便是粗茶淡飯也有滋有味。有時是土司夾蛋，有時是麥片粥配優格，必備一杯新鮮的現打果汁，兩人以簡單營養的早餐迎接新的一天，踏踏實實，正如攜手同行的一萬八千多個日子。

子女各創一片天

在賴家屋簷下，對於孩子的管教，賴浩敏與古登美夫妻兩人看法相當一致。

「別人家是嚴父慈母，我們家是嚴父嚴母。」貞儀、致偉和君儀三個孩子異口同聲。

父母的嚴格是面面俱到的，在課業成績方面，古登美會根據試題難易度訂定分數標準，少一分打一下手心；在日常生活方面，更是從日常生活到應對進退，樣樣都有家規。

例如坐有坐相，就算是觀賞電視卡通的輕鬆時光，也不能翹腳歪坐在沙發上，必須注重儀態、端正坐好；每晚飯後，三個小孩也必須分工合作，輪流幫忙收拾碗筷、擦桌子和澆花；尤其進出家門必得招呼，晨昏定省為人子孝親之狀，萬不可省略；有親友長輩來訪，自然也要陪著寒暄應對。

長年訓練下來，孩子們早習以為常，直到長大進入社會也用同樣的表現與人共處，被他人埋怨：「你們好嚴喔！」的時刻，賴家的孩子們才有所感悟，原來相較之下，自己家的家教是非常嚴苛的。

儘管對品行十分要求，賴浩敏與古登美夫妻倆對孩子的志向卻毫不干涉，選擇放手讓他們自在發揮，也並未特別期待孩子們繼承衣缽，走上鑽研法律一途。

「反正再怎麼讀，也超越不了父母！」三個孩子不約而同如此說道。

雖然沒有選擇法律相關職務，賴家的孩子們倒是各有所長，分別在不同領域闖出成就，撐起自己的一片天。

大女兒貞儀從小就自動自發不叫人擔心，反而常因半夜偷偷爬起床讀書而被媽媽開玩笑：「有人又起床偷讀書囉！」她從北一女中、台大歷史學系，一路念到密西根大學西洋藝術史博士，英語、法文、拉丁文樣樣通曉。後來被國立歷史博物館延攬為研究人員，深受館方器重，每遇有大型聯展都會派她出馬，充分發揮藝術專業和語言長才。

老二致偉，對電腦的興趣更甚於讀書，高中時期開始參加電腦社團，從而發掘了自己的天賦。致偉靠著自學和摸索學寫程式，用心鑽研下日益精進。在中興大學就讀時，他甚至透過自己寫的程式來協助學校的運動會，只要輸入個人資料，比賽成績即一目了然。到了當兵階段，雄厚的實力讓他在師部作戰部門擔任程式軟體要員時游刃有餘。前述這些作品也都成為赴美申請學校的助力，並讓致偉順利申請到美國中西部電腦工程的頂尖學府布萊德利大學（Bradley University）。取得碩士學位後更進入Oracle甲骨文公司，不到一年就破例擢升為軟體研發部經理。

小女兒君儀生性浪漫、樂觀活潑，個性與哥哥姊姊都不相同。她的課業成績雖比不上兄姊，卻遺傳到父親辯才無礙的口才、過人的膽識與積極正向的態度，並擁有豐富的創意和過人的好奇心。日後，這些特質引領她在行銷暨公關領域上大展長才，不僅單打獨鬥的在科技業界闖出好成績，更一躍為兩岸電信、數位娛樂、手遊等當紅產業各大公司的挖角對象。

賴浩敏常對孩子們叮嚀：「只要你們想讀書，我會無條件支持你們，但畢業後進入職場一切都要靠自己努力。」

孩子們確實將父親的一席話記在心頭，各自成家立業，對社會有所貢獻，讓賴浩敏、古登美夫妻每每談及，眉眼之間莫不流露欣慰與驕傲。

每週六中午，是賴家例行性的「家庭聚餐日」，古登美會做一桌好菜，子女及孫子女也會到齊。夫妻就利用聚餐的機會聽聽孩子們一週的生活點滴，也聽聽孫子、女的功課。偶爾有特別節目則會選擇外面餐廳，或吃鐵板燒、或吃日本料理，或者台菜餐廳，賴浩敏夫妻、三個子女及孫子女共聚一堂，一大家子熱鬧滾滾，兩老也樂得含飴弄孫。

「我常說，禮拜六中午的時間要留給爸爸媽媽。」古登美說。

達到要求並非難事，三個孩子都住得不遠，父母在附近置產，給他們每人一棟房子，想要回家，走幾步路就到了。

右：在女兒慫恿下拍的結婚三十週年紀念婚紗照。
左：結婚四十周年，擁著孫子，抱著孫女。

「我真羨慕你們有這麼好的父母，不但讓你們讀書，給你們房子，還每個禮拜六請你們回來吃好的。」賴浩敏笑道。

古登美問孫子：「還記得阿公阿嬤帶你去巴黎玩的事情嗎？」

「不記得了。」當年幼稚園的孩子，如今已台大資管系畢業，待服完兵役，將要赴美國史丹佛大學深造。「不過我記得坐車坐好久，結果暈車了，吐得阿公一身！」

耄耋之年，兒孫滿堂，叫人羨煞。賴浩敏在結婚前所羅列的「現實考量」，從子女教養、金錢觀到人生觀，似乎也都一一如願地達成了。

①

② | ③

① 結婚五十周年全家福。

② 大女兒在密西根大學留學時期生下的第一個孩子，帶回台灣讓夫妻兩人享受含飴弄孫之樂。

③ 三十多年前全家福（包括一隻老狗 HAPPY）。兩位親家母（前排左二為賴浩敏母親，右二為岳母）成為無所不談的好朋友，甚至在房間裡唱著日本老歌。

①	②
	③
⑤	④

①～④「少年夫妻老來伴」，從年輕時夫妻兩人在忙碌的工作中也會盡量抽空結伴出遊、享受生活。

⑤ 2019 年，春節大年初三，與家人聚會後，一時興起，下車享受冬日的暖陽與屈尺櫻花街上小公園裡盛開的櫻花。

受訪時陪伴在側的可愛柴犬擺設，是小女兒出國旅遊帶回的紀念品。充滿童趣的小物在家中隨處可見，不僅顯示賴浩敏平易近人的一面，也可以感受其對家庭、家人情感的珍視。

萬國四柱，比兄弟還親

除了家庭作為後盾，緊密的友誼亦是賴浩敏人生中不可或缺的支撐。

創立台灣第一個本土合夥法律事務所，從立下「權利義務均等」一紙合夥契約開始，范光群、陳傳岳、黃柏夫、賴浩敏四個人，就此成為了休戚與共的生命共同體。

「我們比親兄弟還親。」四位萬國創所律師，有志一同如是說道。

堅定的凝聚力，來自相近的理念。賴浩敏等人堅信，律師應負起社會責任，應堅持正派經營，堅守律師尊嚴，若將律師一職當做營利的方式，心懷不軌，則很容易變得不擇手段。所以，即便因而失去客戶，萬國也絕不賺不正派的錢。

「要想營利，走後門、跟法官有關係比較容易，我們剛好不是這種人。」賴浩敏提起最初合夥共事的動機，「當時社會風氣實在很壞，司法環境比現在糟太多，我們也很有感慨。」

也正是不理想的外在環境，在理念與價值觀相同的四人內心引發共鳴，他們相知相惜，討論起合作的可能，進而成為萬國的四位創所律師。賴浩敏認為，除了法律學識在水準以上，同為心地善良的正人君子，是萬國四柱共有的特質。

萬國法律事務所成立了，以業務和利潤均等的制度經營。畢竟對四人來說，當律師的主要目的是為社會盡善，一方面監督政府依法行政，一方面協助需要的人實現正義。至於收入，則是你做了被人肯定的事，自然而然產生合理報酬。

對社會公益有所貢獻，也是四人的基本理念。從早期台北律師公會、台灣法學會改革、民間司法改革基金會，到協助政府機關處理憲政改革、司法改革、國發會等等，甚至走上街頭，各自在不同司改路上發聲。

四位創所律師以身示範，打下的公益精神，也繼續在萬國的後進新生代生根茁壯。資深合夥律師顧立雄就曾提到：「在我年輕的那一段歲月，他們型塑了我作為一個律師應該做哪些事的認知。」

所以，不管是之後的司法改革、憲政改革、社會運動，萬國無不積極投入，或站在主導地位，或是背後推動的主要力量。在台灣，萬國已成為一個持續發酵的改革正能量。如萬國人各個熟背的共同理念：

我們與台灣這片土地一起成長，我們關心這片土地上所有的人，並誓言盡己之力促成這片土地成為公義之地。

媒體曾以「律師界的鐵四角」形容四人的關係，但賴浩敏則有更好的形容。在他的建議之下，四位創立萬國的夥伴們在自己七十歲與八十歲大壽時，都分別

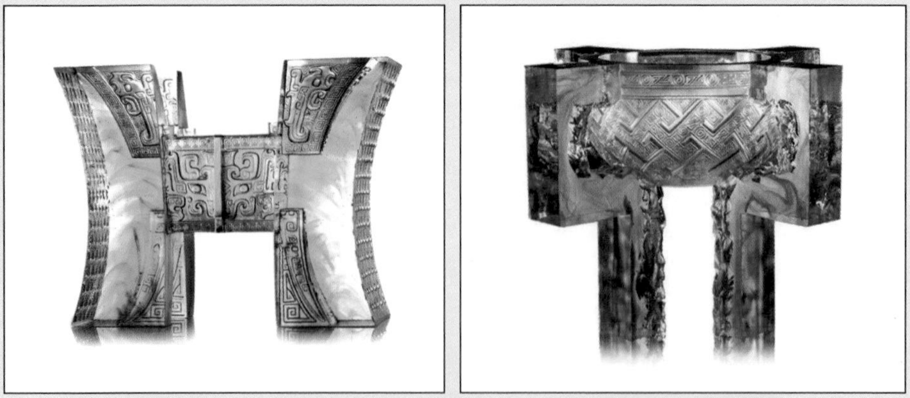

右：七十大壽誌慶琉璃
作品名稱：琉璃工房【天地鼎立　四方歸元】（山石鼎）。
作品意涵：鎮守太和的中心，東南西北，鼎毅綿延，聚四方之力，環合歸元。

左：八十大壽誌慶琉璃
作品名稱：琉璃工房【共明太和鼎】。
作品意涵：生命盈滿，力量騰發，篤敬、謙和，不偏不倚，共明太和。

收到一個由另外三兄弟合送的琉璃，上面刻著：

四柱共頂萬國三十餘年，
兄弟同享福壽山高水長。
（七十歲）

四士共創萬國根留法曹，
兄弟同登高壽無愧天地。
（八十歲）

「我們都沒有後顧之憂，因為彼此知道，有什麼事都可以仰賴其他三個人。」斯文有禮，排行老么的陳傳岳說。

四人綿長的友誼持續直至今日，現在，賴浩敏等人還會攜家帶眷一塊兒吃飯、出遊，四個家庭還曾在坪林鄉間露營過呢。

震旦創辦人，比百兩黃金重的友誼

另一位賴浩敏親如兄弟的摯交，則是擁有六十幾年情誼的震旦集團創辦人陳永泰。賴浩敏家客廳裡，曾有一座以一百多兩黃金打造而成的「茶几」，是陳創辦人送的禮物。

其實那不是一張單純的茶几，而是震旦大樓落成時，用純金打造的大樓模型，裝置於堅固的方形強化玻璃箱內，箱子恰如茶几大小。當時，陳永泰打造了兩座，一座贈予日本的公司，另一座則送給了賴浩敏。

「我當時想，這麼大，要放哪裡？」負責總管家中庶務的古登美可傷腦筋了，不知該拿它怎麼辦，最後乾脆用一塊布罩著，拿黃金大樓模型來當茶几。

後來，這張「全金茶几」又在陳永泰商請下買回，模型重見天日，目前座落在上海的震旦國際大樓。

「你就直接拿回去啊！」賴浩敏爽快地說。

「不行不行，當初送給你，就是你的東西，我只是覺得再打一個品質那麼好的不容易，但又想在上海擺一個，象徵來自台灣，也很好。」陳永泰堅持付錢買還。

每每提及這段逸事，賴浩敏總是感念地說：「我常講真正的送禮，是要送到自己會心疼。這麼唯一的一個模型，他都送給我，沒送給別人，而他自己是去了大陸還想要來拿回去，可見多麼喜歡……」交情可見一斑。

回溯到最初，這段情誼始於兩人的中學時期，當時賴浩敏還住在舅父家，而陳永泰和賴浩敏的二表哥是同學。

陳永泰從中興大學畢業後，加入其姊夫出資的震旦行。起初震旦行只是貴陽街上一間賣打卡鐘的小店，直到陳永泰接手後，業務才開始慢慢壯大。

震旦行日益茁壯，陳永泰因而時常找賴浩敏詢問商務上的法律問題，兩人情誼更加緊密深厚，於公於私皆相互照應。連賴浩敏自日本讀書回台時，

震旦大樓落成時，創辦人陳永泰將兩座純金打造的大樓模型其中一座，送給了賴浩敏。後來這座純金模型又因緣際會回到了上海的震旦國際大樓，但這份貴重的禮物，象徵了陳永泰對賴浩敏的疼惜與信任，以及兩人之間比百兩黃金更貴重的深厚友誼。

陳永泰都特別開車南下，非得親自到苗栗鄉下拜訪賴浩敏表達關心。

陳永泰對賴浩敏非常信任，賴浩敏學成歸國後打算繼續開業，而陳永泰經營的震旦行已成長到一定規模。於是，陳永泰在震旦行重慶南路一、二兩層樓的辦公室樓上，幫賴浩敏租下同棟三樓的一部分，還預付了一年租金，打點得相當仔細。

「他真的很夠朋友，很夠意思。」賴浩敏忍不住道。

當然，賴浩敏對震旦的事務也同樣盡心盡力，一九八九年十二月十五日，他開始擔任董事後，震旦的事業觸角從辦公家具、電信通路，再切入3D列印，股價節節升高。二〇〇四年上海震旦國際大樓落成啟用，是投資中國的台商中，領先且唯一在兵家必爭的黃埔金灘頭矗立的宏偉建築，與鄰近的東方明珠、花旗銀行、香格里拉飯店等並立爭輝。

這一路的拓展，陳永泰鉅細靡遺，所有法律或非法律業務都會徵詢賴浩敏的建議，賴浩敏也不負所託，總是給予適當見解。兩人唇齒相依的合作夥伴關係直到賴浩敏接任中選會主委，因公職不能兼營事業，才辭掉震旦法律顧問及董事的職務。

撇開工作不談，兩人私底下也因為同樣的嗜好——藝品收藏而相互交流。

「我的收藏跟他不能比，級別差很多。他的收藏很高級，很高檔，還有很砸錢。」賴浩敏謙稱。

此言不假，陳永泰是華人中最具影響力的收藏團體「清翫雅集」前會長，「清

左：陳創辦人（左一）親自導覽參觀震旦上海總部。
右：訪視上海震旦，與創辦人陳永泰（右一）漫步黃浦江畔，享受午後閒情。三人背後巍峨的金色大樓就是號稱浦東新地標的上海震旦國際大樓。（攝於 2017 年 5 月 10 日）

翫雅集」會員的收藏曾在台北歷史博物館、北京故宮博物館展出過，藏品實力直逼台北故宮。陳永泰自己的收藏多放在上海震旦國際大樓旁的震旦博物館，已設財團法人，非個人所有，為了回饋社會，更曾多次捐贈予不同單位。

「永泰兄長我三歲，為人豪爽、慷慨，人生閱歷豐富，交往愈久愈覺得理念相近，十分投緣，因此交好，至今已超過一甲子的情誼。」賴浩敏表示。

「一聽聞我有意辭任司法院院長職務，他馬上帶著夫人來到我家，懇切地邀請我回震旦。內人與我真的被他的誠意感動。」

基於二人的好交情，賴浩敏卸任司法院院長職務後，回到震旦繼續服務。

其實萬國也有來邀請賴浩敏回事務所，他則因考量到作為司法最高首長，卸任後

賴浩敏（左）、古登美（右）與震旦創辦人陳永泰（中），於上海震旦國際大樓頂樓的巨幅蘇繡前留影。

這幅長 11.2 米、寬 2.4 米的巨幅山水畫，其實是一幅蘇繡，是由三、四十位繡娘花了將近一年時間，一針一線繡製而成。

繡面上繡的是峨嵋山。緣由是峨嵋山入山口豎立著一尊醒目的石碑，上面印刻著四個蒼勁有力的字──「震旦第一」。這四字並非為震旦集團所刻，而是自古就存在的。中國位於古印度的東方，震旦是古印度對中國的尊稱，意為東方之邦，也有旭日東昇的含義。陳創辦人偶然在峨嵋山發現這塊石碑，甚有機緣巧合之感，便率領主管們於石碑前合影紀念，之後製作了這幅蘇繡，藉以激勵同仁及自我期許，期望將震旦發揚光大，成為世界第一。

就執行律師職務，社會觀感容有不佳，但去一般公司則沒有旋轉門或利益衝突的問題，且賴浩敏在擔任公職前就已擔任二十多年震旦的法律顧問、董事，能再次與好友們共事，自然滿心歡喜。

這回，陳永泰不改仔細周到，不但為了維護賴浩敏的清譽，絕大部分薪資從陳永泰個人股份所成立的公司負擔，以不影響廣大股東的權益，免去落人口實。同時，還貼心地幫賴浩敏準備了辦公室、專用洗手間、會客室、一個祕書、一台車與一個司機，讓賴浩敏擔心花費公司太多資源，直說：「可是我沒做多少事情耶。」「浩敏，你要做的，老早就做完了。」對著相交六十年的摯友，陳永泰非常誠懇、非常明白地說道：「沒有你，就沒有今天的震旦。」

司改之路，無盡頭

人生七十古來稀，被馬英九總統提名出任司法院長時，賴浩敏除了出乎意料，也因為自己身為一個法律人，終有機會站在司法頂端，從制度面發揮所長、實現理想而感到義不容辭。

經過六年多的戮力而為，賴浩敏在「清明的法官，親民的司法」這一目標下，完成了階段性的任務。從《法官法》、《提審法》的修訂、廢除最高法院祕密分案，到觀審制試辦等，在在都是法界的創舉。縱使社會上仍存在不同的聲音，賴浩敏也已在這六年多的任期中，為整體司法改革奠下了良好的根基。

二〇一六年四月十八日，賴浩敏獲馬總統頒授一等景星勳章，並在同年年底，由現任司法院長許宗力頒贈一等司法獎章。

賴浩敏在卸任時自述己懷，即便期滿卸任，他對司法的關切與奉獻永不歇息。賴浩敏也勉勵同仁，司法改革不能間斷，應一點一滴累積，永無止境。

對賴浩敏來說，從穿上律師袍的第一天，就是實現公平正義、為社會盡善的開始，再進一步，透過公會、組織、公共事務參與、法制化、公正第三人仲裁……每一步都和民主法治並進同行，都是在為司法改革盡一己之力。

還是那句老話——為所當為。

站在哪個位子，就盡力發揮這個位子可以發揮的、做能夠做的。所以，無論是做律師、做公會理事、做公部門委員、顧問，還是做主委，甚至做院長，他都一樣秉持著這個原則。

「當每個人做什麼像什麼的話，我們的社會就能井井有條，少去很多問題。」賴浩敏說的簡簡單單，明明白白。

司法作為正義的最後一道防線，若前面的立法、行政等各個防線都能「做什麼像什麼」，發揮應有的功能，如此，司法人員斷不會像現在，面對「無法承受之重」：一年審判三百多萬個案子，而會在合理的工作量下，提升審判品質，達到司法為民的理想。

司法改革這條路還很長，還要繼續走下去。

發光發熱，不愧此生

苗栗頭屋，賴家西川堂，賴浩敏衣冠楚楚焚香祝禱。

舉凡考取律師、榮任院長、榮獲總統頒勳以及日本天皇親授旭日大綬章，他都會回到家族祠堂稟告祖先，回首賴浩敏一生的成就，謂之「光宗耀祖、衣錦還鄉」絕對貼切。

賴浩敏雖對宗教無特別信仰，卻相當認同「因果報應」一說，隨著年歲漸長，諸多印證讓他更加確信天理的存在，也自詡心存厚道、與人為善，一路走來從無違背良心。

「『人在做，天在看』，不要以為沒人知道，你自己知道就夠了，你自己知道，天就知道了。」賴浩敏說。正如影響賴浩敏至深的書——盧梭《懺悔錄》所揭示：「把自己真實面目赤裸裸地揭露在世人面前，不加掩飾。」盧梭在書中總結道：「當時我是什麼樣的人，我就寫成什麼樣的人。當時我是卑鄙齷齪的，就寫我的

回到苗栗頭屋老家的第一件事必是洗手點香拜祀父母及祖先（賴家西川堂）。

卑鄙齷齪；當時我是善良忠厚、道德高尚的，就寫我的善良忠厚和道德高尚。」

盧梭的坦承深深影響了賴浩敏。

「盧梭《懺悔錄》帶給我最大的啟示是什麼你知道嗎？」賴浩敏雙眼炯炯有神地說：「那就是，做人要誠實！」

從《懺悔錄》的啟示產生自我反思，賴浩敏以此時時警惕自己：愈處在重要位置，愈應謹言慎行，一步也不留瑕疵，切勿以惡小而為之。

恰是這樣的信念，使得賴浩敏能以淡然的心境看待人生起伏。即使是幼年失怙、寄人籬下，或是借錢結婚、借岳父客廳創業，都可視為「平順」的逆境。

再者於威權時期的司法體制下堅持做一個有尊嚴的律師，繼而與好友創立萬國法律事務所，又以七十一歲之齡，史無前例地從律師當上司法院長。賴浩敏無所求、無所懼、無所憾，終其一生真實平實、俯仰無愧！

曾有人問賴浩敏：「若有時光機，你會想回到哪個階段的過去？」

賴浩敏毫不猶豫地回答：「不必了，不必重複。我的人生還算平順，每一階段我都可以接受。」

賴浩敏認為：「生命的意義不在於長短，而在於如何發揮價值。」已故樞機主教單國璽在九十四歲高齡時，曾赴司法院進行專題演講。他在得知自己罹患肺腺癌後，不但沒有自怨自艾，反而泰然處之，決心將自己的剩餘價值發揮到最後一刻，讓生命燃燒到最後一秒。

「如何讓生命譜下無憾的休止符」這一點，始終長存於賴浩敏心中。對一個做什麼像什麼，竭力扮演好自己角色的人，人生又豈止是「青春不要留白」？五十歲、六十歲、七十歲，賴浩敏的哪個階段不精采？

「熱情對待人生，發光發熱，才不愧此生。」八十歲的賴浩敏說。

為所當為，言所當言，賴浩敏一路自得自在，總是瀟灑走一回。

後記

賴浩敏

好多人鼓吹要我把生平故事留下來，但向來只顧著把事做好的我，總覺得自己所作的一切只是為所當為，該怎麼做就怎麼做而已，實在沒什麼好拿出來說的。感謝一番盛情褒美之後，就把大家的話置之腦後了。

直到將屆八十歲前某日，我在家裡不慎跌倒，這次受傷復原的速度不如以往，才開始意識到自己已不是二十幾歲的年輕小伙子，身手沒辦法一如往常自豪的矯健了。但精神上可沒有沮喪不安，還是如常地游泳、作畫、閱讀、滑手機、三不五時與三五好友聊天聊地，沒有忘記享受生活中的美好與快樂。我一向不認為年齡是保持青春的阻力，就像我常對年輕人說的：「青春不留白，人生要多采多姿，而這個青春可不是你們十七、八歲少男、少女的專利，青春要多長，是每個人都可以自己決定的事。」這段修養期間，行動範圍較為受限，時間也就多了，加上諸多好友持續關懷，不知不覺憶起許多往事；適逢友人引薦秀威資訊出版的專業團隊，非常有技巧地、耐心地引誘我講故事，並且很有要領地把我隨口說的故事做成文字。轉眼間，竟似有成書的模樣了。

八十歲的現在，回顧這輩子的點點滴滴，雖然小的時候曾過了一段不足為外人道的艱辛日子，但縱使家道清寒到後來必須寄人籬下，其實仍不時能感受到人性的溫暖，心靈是滿足的；初中、高中時期體驗了翻牆讀課外書（其實還有書中沒有提到的「被」教官放假去約會）等瘋狂之舉；台大、東大時期承蒙恩師啟發、結識許多一生的摯友、享受了青春無敵的高等教育，知識更豐富、視野更高更遠了；從律師到司法院長職務，半輩子從事司法工作，期間能在許多公部門奉獻所學，自始至終能夠順遂自己的心意、遵循立身處世的基本原則——「崇法務實」，「做什麼像什麼」，在在都讓我感覺人生非常充實，已然無憾。

將卸任司法院長之際，司法院同仁為我做了一本名為《軌跡》的小書，記錄我們共同打拼的點滴，首頁我的照片旁題著：

俯仰無愧天地間　褒貶自有春秋載

這十四字完全寫出了我的心境。

現在的我可以很有自信地告訴自己：我好好的活過了！

非常感謝秀威夥伴們細心、耐心、專業地整理我這一生瑣碎的流水帳，沒有想到八十之年能有一本關於自己的書，心裡有些小小的雀喜；感謝各位推薦人諸多溢美之詞以及一直以來在我周圍不斷給予我指導、關懷和鼓勵的先進、師長、好同事與親朋好友們，今日的我若能說有些小小的成就，這絕非單靠我個人力量所能達成，是您們照亮了我的方向，並賜給我持續精進的動力，真的非常感恩；也要感謝祕書陳瀅光女士多年來好好保存我的資料，能夠跟著我這完美主義、挑剔出名的老闆二十餘年實在不簡單，她的溫和與耐力令人感動；而最要感謝的當然莫過於親愛的家人，尤其是不可或缺、亦師亦友亦枕邊良伴的登美，我的生命因為你們而更加美滿。

本書即將完成之際，我在賴家西川堂正殿中捻香對著祖先牌位，感謝列祖列宗冥冥中的保佑，我真的相信人在做天在看。同時我也向著父母照片，感念父母生育、教養之恩，並賜給我強健的體魄與鋼鐵般的意志，讓我能夠自由自在地行走於人世間，無懼、無畏，這一切比起所謂金湯匙、銀湯匙，意義更為重大。此生若要說有遺憾，則唯一遺憾便是沒有辦法與父母一起分享這些成就，多些時間報答親恩吧！

筆末，我想告訴我親愛的朋友們：沒有人是十全十美，但每個人都有可愛可敬的一面。人生路上難免有些挑戰，然而一旦放棄，就什麼也沒有了。如何讓自己的生命過得有價值，這是每個人必修的功課。

釀時代17　PC0768

第一個律師出身的司法院長：賴浩敏

撰　　文　周禮群 等
責任編輯　洪仕翰、徐佑驊
圖文排版　莊皓云
封面設計　王嵩賀

出版策劃　釀出版
製作發行　秀威資訊科技股份有限公司
114 台北市內湖區瑞光路76巷65號1樓
電話：+886-2-2796-3638　傳真：+886-2-2796-1377
服務信箱：service@showwe.com.tw
http://www.showwe.com.tw
郵政劃撥　19563868　戶名：秀威資訊科技股份有限公司
展售門市　三民書局【復北店】
104台北市復興北路386號
電話：+886-2-2500-6600
網路訂購　博客來網路書店：https://www.books.com.tw
秀威網路書店：https://store.showwe.tw
總 經 銷　聯合發行股份有限公司
231新北市新店區寶橋路235巷6弄6號4F
電話：+886-2-2917-8022　傳真：+886-2-2915-6275

出版日期　2019年4月　BOD一版
定　　價　550元

Printed in Taiwan

國家圖書館出版品預行編目

第一個律師出身的司法院長：賴浩敏 / 周禮群 等撰
文. -- 一版. -- 臺北市：釀出版, 2019.04
面；　公分. -- (釀時代；17)
BOD版
ISBN 978-986-445-322-1(精裝)

1. 賴浩敏　2. 臺灣傳記

783.3886　　　108004289

讀者回函卡

感謝您購買本書，為提升服務品質，請填妥以下資料，將讀者回函卡直接寄回或傳真本公司，收到您的寶貴意見後，我們會收藏記錄及檢討，謝謝！如您需要了解本公司最新出版書目、購書優惠或企劃活動，歡迎您上網查詢或下載相關資料：http:// www.showwe.com.tw

您購買的書名：＿＿＿＿＿＿＿＿＿＿＿＿＿＿＿＿＿＿＿＿

出生日期：＿＿＿＿年＿＿＿＿月＿＿＿＿日

學歷：□高中（含）以下　□大專　□研究所（含）以上

職業：□製造業　□金融業　□資訊業　□軍警　□傳播業　□自由業

□服務業　□公務員　□教職　□學生　□家管　□其它＿＿＿

購書地點：□網路書店　□實體書店　□書展　□郵購　□贈閱　□其他

您從何得知本書的消息？

□網路書店　□實體書店　□網路搜尋　□電子報　□書訊　□雜誌

□傳播媒體　□親友推薦　□網站推薦　□部落格　□其他＿＿＿＿＿

您對本書的評價：（請填代號　1.非常滿意　2.滿意　3.尚可　4.再改進）

封面設計＿＿　版面編排＿＿　內容＿＿　文／譯筆＿＿　價格＿＿

讀完書後您覺得：

□很有收穫　□有收穫　□收穫不多　□沒收穫

對我們的建議：＿＿＿＿＿＿＿＿＿＿＿＿＿＿＿＿＿＿＿＿

＿＿＿＿＿＿＿＿＿＿＿＿＿＿＿＿＿＿＿＿＿＿＿＿＿＿

＿＿＿＿＿＿＿＿＿＿＿＿＿＿＿＿＿＿＿＿＿＿＿＿＿＿

＿＿＿＿＿＿＿＿＿＿＿＿＿＿＿＿＿＿＿＿＿＿＿＿＿＿

請貼
郵票

11466
台北市內湖區瑞光路 76 巷 65 號 1 樓
秀威資訊科技股份有限公司 收
BOD 數位出版事業部

（請沿線對折寄回，謝謝！）

姓　　名：____________ 年齡：________ 性別：□女　□男

郵遞區號：□□□□□

地　　址：____________________________

聯絡電話：(日)____________ (夜)____________

E-mail：____________________________